YouTube
WELT
REKORDE

BITTE NICHT NACHMACHEN!

Einige der in diesem Buch vorgestellten Videos zeigen Stunts, die von Profis oder unter deren Aufsicht durchgeführt wurden. Die Herausgeber dieses Buches warnen vor jedem Versuch, eine der in diesen Videos gezeigten Aktivitäten nachzustellen oder nachzuahmen.

Project Editor: Chris Mitchell
Design: Katie Baxendale
Produktion: Lisa Hedicker, Emily Noto
Bildredaktion: Steve Behan

Deutsche Ausgabe:
Naumann & Göbel Verlagsgesellschaft mbH
Emil-Hoffmann-Straße 1
D-50996 Köln

www.naumann-goebel.de

Deutsche Übersetzung: ARTHISTICO Holger Möhlmann
Redaktion: Oliver Christian Weber

ISBN 978-3-625-18051-7

YouTube
WELT
REKORDE

ADRIAN BESLEY

INHALT

EINLEITUNG

Willkommen beim ersten Buch, mit dem Sie selbst miterleben können, wie Rekorde gebrochen werden! Scannen Sie einfach den QR-Code oder geben Sie den Link auf Ihrem Smartphone, Tablet, Laptop oder PC ein – und schon werden Sie Zeuge, wie rund um den Globus Geschichte gemacht wird.

Am schnellsten, größten, höchsten oder kleinsten – überall auf der Welt sind Menschen davon fasziniert, was einzelne von ihnen erreichen können. Denn wir alle lieben Rekorde. Egal ob es sich um die Hundertstelsekunde handelt, mit der ein berühmter Sportrekord gebrochen wird, oder um den ersten Rekord in einer schrägen neuen Kategorie – wir alle wollen wissen, wer was geschafft hat. Bis jetzt jedoch fehlte uns meist die Möglichkeit, die Helden in Aktion zu sehen.

Und hier kommt nun YouTube ins Spiel! Auf dieser Plattform darf jeder seine Videos hochladen. Auf ihr finden sich Tausende von Clips, die einen neuen Rekord zeigen – vom bekanntesten bis zum völlig unbekannten. Einige dieser Clips wurden schon millionenfach angesehen, während andere noch so gut wie unentdeckt sind.

Zu den Highlights gehört sicherlich Usain Bolts fantastischer 100-Meter-Sprint, aber auch der größte Mann der Welt ist hier vertreten. Nicht zu vergessen Nik Wallendas atemberaubender Gang übers Seil – der höchste mit verbundenen Augen! Lernen Sie die Frau mit dem kräftigsten Haar kennen, den Mann, der kiloweise Maden mit dem Mund transportiert, oder Colin Furze, den Ex-Klempner auf seiner fahrbaren Hochgeschwindigkeitstoilette!

Dieses Buch ist Ihr Guide zu den spannendsten Rekorden auf YouTube. Es führt Sie zu einigen der aufregendsten, abgefahrensten, schrägsten und witzigsten Videos, die es gibt. Einfach den kurzen Text mit Fakten, Tratsch und Wissenswertem lesen, den QR-Code scannen oder Link eintippen – und schon können Sie den ersten Clip genießen … Film ab!

SPRUNGREKORDE

Nicht nach unten schauen! Hier kommen einige rekordverdächtige Helden der Lüfte – echte Draufgänger, die weder Furcht noch Höhenangst kennen.

Wingsuit-Wunder

http://y2u.be/N6Zk9GO0ql0

Im April 2012 sprang Jhonathan Florez über Kolumbien aus einem Flugzeug und brach dabei gleich vier Weltrekorde: Mit 11 360 Metern war es der tiefste Sprung aller Zeiten im Wingsuit und mit neun Minuten und 6 Sekunden auch der längste. Auch stellte er einen neuen Rekord im horizontalen Wingsuit-Flug auf (26,26 Kilometer) und flog die größte Gesamtdistanz im Wingsuit, nämlich 28,2 Kilometer.

EIN SPRUNG – MEHRERE REKORDE

REKORD IM FLACHWASSERSPRINGEN

◀ Prima Platscher

http://y2u.be/cur0YILfQB8

Er ist der König der Bauchklatscher, der Prinz der Planschbeckensprünge, er ist Professor Platsch. Der Professor (richtiger Name: Darren Taylor) ist womöglich der einzige Turmspringer, der die Kunst des Flachwasserspringens beherrscht. Hier bricht er gerade seinen eigenen Weltrekord und springt an der Universität für Wissenschaft und Technik im norwegischen Trondheim 36 Meter tief in ein Planschbecken mit nur 30 cm Wasser.

Der Keks-Taucher

http://y2u.be/UBf7WC19lpw

Für Tee und Kekse tut ein Engländer bekanntlich alles: 2016 stürzte sich Simon Berry aus Yorkshire an einem Bungee-Seil 73 Meter in die Tiefe, nur um einen Keks in seinen Tee einzutauchen. Da er seine Handgelenke wie bei einem Sprung ins Schwimmbecken übereinanderlegte, erreichte er die nötige Präzision, um seinen Schokokeks genau zur Hälfte in den frisch gebrühten Tee zu tunken. Und um die Sache perfekt zu machen, war der Keks noch heil und die Glasur zur Hälfte geschmolzen, als Simon wieder oben auf der Plattform stand. Gratulation zum tiefsten Keks-Tauchen aller Zeiten!

▶ Sprung von der Klippe

http://y2u.be/-9ox62y4zsE

Stellen Sie sich vor, Sie springen vom Schiefen Turm von Pisa an schroffen Felsen vorbei in ein kleines Becken. Im August 2015 sprang der Brasilianer Laso Schaller bei einem Weltrekordversuch im Klippenspringen fast 60 Meter tief von einem Felsvorsprung am berüchtigten Schweizer Wasserfall Cascata del Salto. Dabei wurde das Wasser mit Sauerstoff belüftet, damit Schaller weicher landen konnte. Doch er kam außerhalb der beabsichtigten Landezone auf – mit einer Geschwindigkeit von über 120 km/h. Dieses Video zeigt den todesmutigen Sprung aus jedem Winkel inklusive eines Blickes aus Schallers Helmkamera.

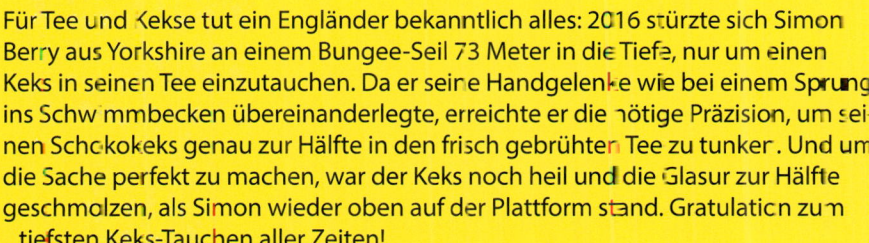

HÖHEN UND TIEFEN

Diese Menschen haben weder Höhen noch Tiefen gescheut, um ihren Namen in den Rekordbüchern zu lesen.

▼ Skate Limbo

http://y2u.be/7HEPRZuRWvc

Wie andere Kinder auch fährt Gagan Satish, Schüler im indischen Bangalore, gern mit seinen Rollerskates. Doch nicht alle Kinder haben sein Talent: Er fuhr fast 70 Meter weit unter 39 Autos hindurch und hatte sein Gesicht dabei nur knapp 13 cm über dem Boden! Gagan fährt erst seit drei Jahren Rollerskates, aber er ist ja auch erst unglaubliche sechs Jahre alt. Offenbar kam ihm seine Erfahrung zugute, um den Rekord zu brechen – denn der bisherige Rekordhalter war erst fünf!

CHAMPION BEIM LIMBO-SKATING

Atemberaubend!

http://y2u.be/YtryV9qltsg

Wenn Sie das nächste Mal im Schwimmbad sind, können Sie ja mal testen, wie lange Sie unter Wasser die Luft anhalten können. Schaffen Sie 30 Sekunden? Oder sogar 45, wenn Sie Ihre Lungen so richtig füllen? Durch diese Übung werden Sie einen Eindruck von dem Tauchrekord bekommen, den William Winram 2013 am Roten Meer im ägyptischen Scharm el-Scheich aufstellte. Der Kanadier holte nur einmal Luft, hielt sie drei Minuten und acht Sekunden an – und tauchte an einem Schlitten 145 Meter in die Tiefe. Zum Vergleich: Die Freiheitsstatue misst 92 Meter. Ein Seil und eine Schwimmflosse halfen ihm, schnell wieder an die Oberfläche zu gelangen.

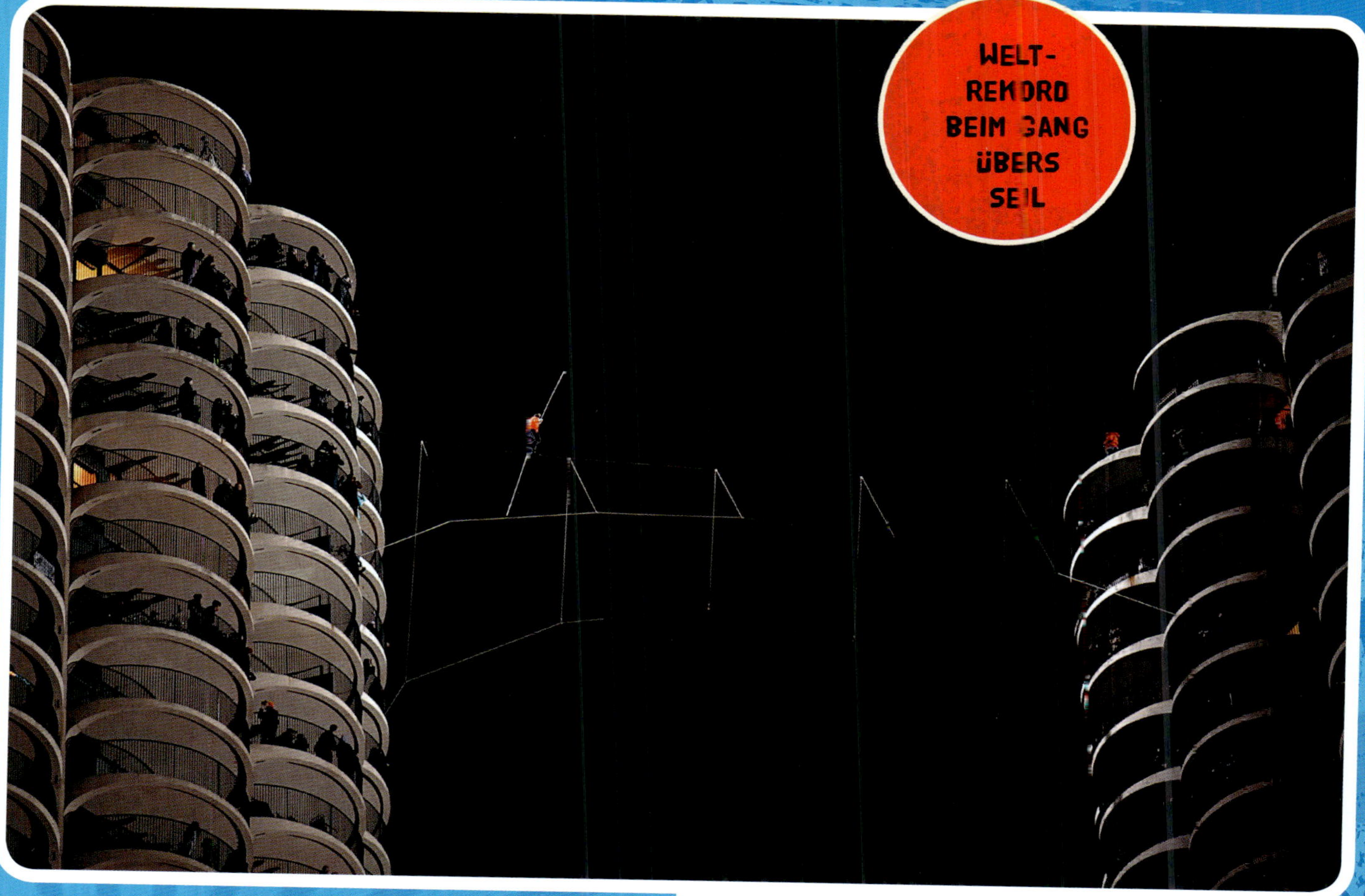

▲ Auf dem Drahtseil über Chicago

http://y2u.be/XvzcLs3H5Jk

Obwohl sein Urgroßvater Karl 1978 beim Sturz vom Seil starb, hält Nik Wallenda, Seilkünstler in siebter Generation, den Rekord im höchsten Drahtseilakt mit verbundenen Augen. Trotz Windstärken von bis zu 40 km/h lief er ohne Netz oder Gurt über ein Seil, das zwischen den beiden Marina Towers in der „Windy City" Chicago gespannt war. Kein Wunder, dass das Fernsehen die Liveübertragung mit 10 Sekunden Verzögerung ausstrahlte! Auch wenn man weiß, dass er es schafft, klopft einem bei diesem Video das Herz bis zum Hals.

Große Feier

http://y2u.be/e6uu4TGC_lg

Wenn Top-Sportler heiraten, freut sich die Welt. Doch als Sun Mingming, der größte Basketball-spieler der Welt, und Xu Yan, die weltgrößte Hard-ballspielerin, sich am 4. August 2013 in Beijing das Jawort gaben, flippte der ganze Planet aus! Mit einer Körpergröße von 236,17 bzw. 187,3 cm ist dieses Superpaar seinen Gegnern haushoch überlegen – sowohl bildlich gesprochen als auch im wahrsten Sinne des Wortes.

YOUTUBE-HITREKORDE

In den letzten zehn Jahren gehören YouTube-Videos für Millionen Menschen zu ihrem Alltag. Kein Wunder also, dass die Plattform inzwischen ihre eigenen Rekorde aufweist.

▶ Ein Hit, der YouTube sprengte

http://youtu.be/9bZkp7q19f0

Immer mal wieder heißt es, irgendwelche Berühmtheiten hätten „das Internet lahmgelegt". Doch der Hit „Gangnam Style" des südkoreanischen Sängers Psy hat es wirklich geschafft. Mit rund einer Milliarde mehr Klicks als der nächste im Rennen (Justin Biebers Hit „Baby") brach der Ohrwurm sämtliche Rekorde: Im Dezember 2014 erreichte die Dancefloor-Nummer 2 147 483 647 Klicks – und damit die höchste Zahl, die YouTube bis dahin darstellen konnte. Zum Glück hatte der Admin der Seite das kommen sehen und die Klickzählung auf 9,22 Trilliarden erhöht. Wie lange „Gangnam Style" bis dahin wohl brauchen wird?

DAS BELIEBTESTE YOUTUBE-VIDEO

◀ Wie verlockend!

http://y2u.be/iXfEc4wG208

Es ist noch gar nicht so lange her, da konnte man sich Film-Trailer nur im Kino ansehen. Doch dann entwickelte sich YouTube zur idealen Plattform, um Interesse für neue Filme zu wecken. Als 2014 der Trailer zu „Star Wars: Das Erwachen der Macht" auf YouTube eingestellt wurde, schauten ihn sich mehr als 112 Millionen Menschen an einem einzigen Tag an. Doch ein Jahr später wollten noch mehr Viewer Emma Watson und Dan Stevens als „Die Schöne und das Biest" sehen: Mit 127,6 Millionen Klicks in den ersten 24 Stunden brach der Trailer zu diesem Film den bisherigen Rekord.

Russisches Rätsel

http://y2u.be/qBp1rCz_yQU

Meist dominieren Musikvideos die obersten Plätze in den YouTube-Charts, doch auch ein Non-Music-Clip findet sich unter den Top Ten: Eine Folge der russischen Zeichentrickserie „Masha i Medved" („Mascha und der Bär") hat es auf unglaubliche 1,8 Milliarden Klicks gebracht – und damit auf mehr als Adeles „Hello" oder Taylor Swifts „Shake It Off". Die Serie, in der es um ein Mädchen und einen freundlichen Bären geht, richtet sich an Kinder und ist sowohl auf Russisch als auch in der englischen Übersetzung beliebt. Warum allerdings ausgerechnet die Episode „Rezept für ein Desaster", in der Mascha zu viel Brei kocht, so populär ist, bleibt für YouTube-Experten ein Rätsel. Wissen Sie's?

Charlie beißt noch

http://y2u.be/_OBlgSz8sSM

Eigentlich beherrschen Musikvideos und TV-Shows für Kinder die YouTube-Charts, doch eine Ausnahme hält sich hartnäckig: Im Mai 2007 wurde ein 56 Sekunden langer Clip von einem kleinen Jungen und seinem nur wenige Monate alten Bruder eingestellt. Das Video „Charlie bit me" wurde zu einem Phänomen – es war süß, frech und voll von ansteckendem Gelächter. Jahrelang konkurrierte es mit Miley, Justin und Taylor um die besten Plätze in den Charts, und selbst heute ist es mit rund 850 Millionen Viewern noch immer das beliebteste „Home Video" der gesamten Plattform – ein Riesenerfolg!

▲ Adeles großes „Hello"

https://www.youtube.com/watch?v=YQHsXMglC9A

AM SCHNELLSTEN ZUR MILLIARDE

Vier Jahre hatte man nichts von ihr gehört, doch dann brachte die im Londoner Stadtteil Tottenham geborene Sängerin Adele Adkins mit „Hello" eine bewegende Ballade über Liebesleid und -freud heraus. Nach seiner Veröffentlichung auf YouTube am 23. Oktober 2015 erreichte der Song innerhalb von nur 87 Tagen die magische Zahl von einer Milliarde Klicks. Damit überholte Adele den südkoreanischen Künstler Psy, der 2012 mit seinem „Gangnam Style" noch 158 Tage gebraucht hatte, um die Milliarde zu erreichen.

TEMPO UND PRÄZISION

Bei diesen Rekorden geht es wieder mal um Schnelligkeit. Doch auch auf Präzision kommt es hier an: Eine falsche Bewegung und man ist tot, hat einen seltsamen Haarschnitt oder man glaubt Ihnen nicht.

▶ Mister Messerscharf

http://y2u.be/JriUEsRk8Ns

Ohne Zweifel ist „The Great Throwdini" der beste Messerwerfer der Welt. Denn obwohl Dr. David R. Adamovich (so sein richtiger Name) erst im Alter von 50 Jahren mit dem Messerwerfen begann, hat er 40 Weltrekorde im Werfen und Fangen von Messern und anderen Geschossen aufgestellt und selbst wieder gebrochen. In nur 4,29 Sekunden warf er zehn 36 cm lange Messer rund um ein menschliches Ziel und 102 Messer in einer Minute. Und er wirft die Klingen sogar mit verbundenen Augen!

▶ Fliegende Kegel

http://y2u.be/6MGlIE2UIII

Ach ja, Jonglieren … Ist das nicht die langweiligste aller Zirkusnummern? Vergessen Sie Ihre Vorurteile und schauen Sie sich diesen Mann „in action" an! Im September 2016 stellte Rudolf Janecek vom Cirque du Soleil vor einem Publikum aus Bahnpendlern in der Union Station von Toronto den Weltrekord als schnellster Jongleur mit fünf Kegeln auf. Die Kegel wirbelten nur so durch die Luft und durch seine blitzschnellen Hände, während Rudolf es auf 429 Jonglierbewegungen in 30 Sekunden brachte. Die Juroren mussten sich das Video noch einmal in Zeitlupe anschauen, bevor sie ihm den Preis verleihen konnten.

SCHNELLSTER JONGLEUR

◀ Speed Freak

http://y2u.be/dvnmrHS3d9s

Der britische Motorradfahrer und TV-Moderator Guy Martin liebt Geschwindigkeit und Gefahr. Er hielt schon den Weltrekord für das höchste Tempo auf einem motorlosen Schlitten (134 km/h) und in einer Seifenkiste (137 km/h), als er 2016 zum extrem gefährlichen Rekordversuch im Steilwandfahren antrat. Bei dieser klassischen Zirkusnummer geht es darum, mit dem Motorrad horizontal auf einer kreisrunden Holzwand zu fahren. Viele hielten einen neuen Rekord für unmöglich, doch Guy überwand Schwerkraft und Schwindelgefühle und erreichte atemberaubende 125 km/h.

▼ Ran an den Schafspelz!

http://y2u.be/TbUDbH6tjGs

Wie mag dem armen Schaf in diesem Video wohl zumute sein? Eben noch fühlte es sich warm und kuschlig in seinem riesigen Wollmantel – und nur 15 Sekunden später steht es splitternackt da! Gegen David Fagan, die lebende Legende aus Neuseeland, den „Pelé unter den Schafscherern", hat es einfach keine Chance: Der elffache Weltrekordmeister kann ein Schaf schneller scheren als die meisten Männer sich rasieren können.

SCHNELLSTER SCHAF-SCHERER DER WELT

Bürste des Ruhms

http://y2u.be/eXPJo1f60j0

Wie den meisten anderen Kindern wurde wahrscheinlich auch Dipanshu Mishra beigebracht, sich nach jedem Essen die Zähne zu putzen. Und ganz sicher pflegt er auch heute noch mit Hingabe seine strahlend weißen Beißerchen. Doch er kann noch mehr mit seiner Zahnbürste, nämlich einen Rekord aufstellen! Einen etwas seltsamen zwar, aber einen, den man sich gern anschaut: Dipanshu lässt einen Basketball auf dem Ende seiner Zahnbürste rotieren – und zwar unglaubliche 42,92 Sekunden lang. Reife Leistung! Und dabei spielt er noch nicht einmal Basketball.

TEMPO, TEMPO, TEMPO!

Wuschhhhh…! Es gibt keinen Ersatz für pure Geschwindigkeit, und diese Männer haben es mit Mut, Power und ein bisschen Wahnsinn unter die Schnellsten geschafft.

▶ Lebender Blitz

http://y2u.be/4gUW1JikaxQ

„Ich werde versuchen, der Beste zu sein – wie Ali und Pelé", sagte Usain Bolt, bevor er zu seinen letzten Olympischen Spielen antrat. Dass er es schaffen würde, stand außer Frage: Usain Bolt ist der schnellste Mensch aller Zeiten, die Liste seiner Weltrekorde ist so lang wie seine glorreichen Beine. Bei den Spielen in Rio 2016 gewann er Gold über 100 Meter, 200 Meter sowie die 4 x 100-Meter-Staffel. Damit hat er bei drei aufeinanderfolgenden Olympischen Spielen jeweils drei Goldmedaillen gewonnen – ein „Triple-Triple"!
Er ist eben eine echte lebende Legende …

DER SCHNELLSTE 100-METER-LÄUFER

▶ Smash!

http://y2u.be/7HTeG0CmKbU

Tennis mag kraftvoll sein und Squash intensiv, doch so richtig zur Sache geht's beim Badminton: Im Profi-Tennis wurden Schlaggeschwindigkeiten von 260 km/h gemessen, beim Squash sogar 270 km/h. Doch beim Badminton gibt es Schmetterbälle, die die Schallmauer von 300 km/h durchbrechen. Der Chinese Fu Haifeng ist (zusammen mit seinem Partner Cai Yun) der Welt-Champion im Badminton-Doppel der Männer und gilt als König der Schmetterer. Sein Rekord von 332 km/h aus dem Jahr 2005 wurde zwar in manchen Werbevideos, aber nie im Wettbewerb gebrochen.

▼ Triumph auf zwei Rädern

http://y2u.be/PP-7WX12H2I

Man nennt ihn den Roten Baron, doch Éric steigt nicht in die Lüfte auf, dafür aber immer höher in den Himmel der Rekorde. Denn der tollkühne Éric Barone hält den Geschwindigkeitsrekord im Radfahren auf Schnee und auf Geröll. An den Steilhängen am Vulkan Cerro Negro in Nicaragua schaffte er 172 km/h, bevor er stürzte und sich mehrere Rippen brach. Daraufhin entschied er sich wieder für einen weicheren Untergrund und fuhr in den Ski-Ort Les Arcs im französischen Teil der Alpen. Dort erreichte er auf Schnee die Rekordgeschwindigkeit von 222 km/h.

SCHNELLSTES RAD AUF SCHNEE UND GERÖLL

▼ Haltet die Uhren an!

https://www.youtube.com/watch?v=xG91krXuxyw

„Ein Weltrekord auf Bahn 8 … Sowas habe ich bei 200 oder 400 Metern noch nie gesehen", rief Michael Johnson, als sein Weltrekord über 400 Meter bei den Spielen von Rio 2016 gebrochen wurde. „Das war ein echtes Massaker, was Wayde van Niekerk da angerichtet hat! Er hat die anderen Jungs einfach niedergemäht." Es war die beste sportliche Performance der gesamten Spiele: Nicht nur dass der Südafrikaner einen Rekord aus dem Jahr 1999 um 0,15 Sekunden unterbot – er war auch der Erste, der jemals auf Bahn 8 eine olympische Goldmedaille über 400 Meter holte.

Im Handstand zum Ziel

http://y2u.be/9p8LZVZoUzk

Tameru Zegeye gilt als das „Wunder von Äthiopien". Er wurde mit missgebildeten Füßen geboren und kann seine Beine nicht benutzen. Also lernte er, auf den Händen zu laufen. Darin erwies er sich als so geschickt, dass er es bis in den Zirkus schaffte. Doch er ist auch ein echter Athlet: Während eines Besuchs in der mittelfränkischen Großstadt Fürth legte der 32-Jährige einen 100-Meter-Sprint im Handstand auf Krücken in der Rekordzeit von 56 Sekunden hin. Das Erstaunlichste daran ist seine einzigartige Technik – eine Mischung aus Balance, Stärke und Koordination, für die die Gesetze der Schwerkraft nicht zu gelten scheinen.

WETTEREXTREME

Wirbelstürme, Tsunamis und andere Katastrophen: Dramatische YouTube-Videos zeigen die Schrecken und Verwüstungen, die durch diese rekordverdächtigen Naturereignisse verursacht wurden.

▶ Wetter-Inferno

http://y2u.be/unV5KcSrY-I

Dieser Clip wurde als Hurrikan-Charley-Tankstellen-Video weltbekannt. Er zeigt, wie eine Tankstelle in Charlotte Harbor in Florida von Sturmböen mit Geschwindigkeiten von fast 250 km/h buchstäblich zerlegt wird. Hurrikan Charley, ein Orkan der Kategorie 4, also der zweithöchsten Stufe, war der stärkste Hurrikan im Südwesten Floridas in den letzten 50 Jahren. Und diese Sturmböen sind die stärksten, die jemals auf Video aufgenommen wurden – und zwar von Mike Theiss, dessen brillante Wetterfilme im Ultimate Chase Channel gezeigt werden.

Super-Tsunami

http://y2u.be/yN6EgMMrhdI

Am 9. Juli 1958 löste ein Beben einen Erdrutsch in der Lituya Bay in Alaska aus. Daraus entstand ein Mega-Tsunami mit Höhen zwischen 30 und 90 Metern. Es war die höchste Tsunami-Welle in geschichtlicher Zeit. Der spannende Vier-Minuten-Clip der BBC zeigt die Ereignisse und schildert die unglaublichen Erlebnisse zweier Augenzeugen – den einzigen Überlebenden unter all denen, die an diesem Tag mit dem Boot draußen waren. Das Video wurde bis jetzt über sechs Millionen Mal angeklickt.

▶ Eishagel extrem

http://y2u.be/w47HxYgG7bg

Die Hagelkörner, die 2010 in Vivian in South Dakota vom Himmel fielen, waren nicht einfach nur unangenehm, sie waren äußerst gefährlich. Als würde jemand Ziegelsteine aus einem Flugzeug werfen – so kam es den Einwohnern vor, als riesige Eiskugeln auf Häuser und Gärten einprasselten. Nach dem Sturm las Les Scott den größten dieser Hagelbälle auf und wollte ihn in seinen Daiquiri tun. Doch dann besann er sich: Er kontaktierte den Wetterdienst, und der stellte fest: Mit einem Gewicht von 880 Gramm und einem Durchmesser von 44,5 cm war dieses Superhagelkorn ein echter Rekordbrecher!

GRÖSSTER ERDRUTSCH DER GESCHICHTE

▲ Berg der Verwüstung

http://y2u.be/IhU6jml6NY4

Der Mount St. Helens ist ein Vulkan im amerikanischen Bundesstaat Washington. Im Jahr 1980 verursachte ein Beben einen Abbruch an der Nordflanke, was zum größten Erdrutsch der Neuzeit führte. Dieser wiederum löste Explosionen aus, durch die Felsstücke, Asche, Dampf und vulkanische Gase fast 500 km/h schnell in die Atmosphäre geschleudert wurden. Nach nur 15 Minuten ragte eine über 24 Kilometer hohe Eruptionssäule in den Himmel. Dieses Video basiert auf einer Serie von Fotos. Es zeigt dieses gigantische Naturereignis in seinem ganzen unglaublichen Ausmaß.

SPANNENDE TIERREKORDE

Auch das Tierreich hat seine Champions: Eine Safari durch die Tierwelt auf YouTube fördert faszinierende Rekorde ans Tageslicht – und unglaubliche Bilder aus der Wildnis.

▶ Affengeil!

http://y2u.be/zsXP8qeFF6A

Rund 98 Prozent ihrer Gene sind mit denen des Menschen identisch – kein Wunder also, dass Schimpansen als die klügsten aller Tiere gelten. Sie können Werkzeuge herstellen und benutzen, sie können in organisierten Gruppen jagen, und sie sind mitfühlend, selbstlos und in der Lage, sich selbst wahrzunehmen. Und nicht nur das: Sie können auch mit dem Computer umgehen! In diesem Video besiegt der Schimpanse Ayumu einen Menschen bei einem Gedächtnisspiel.

BESSERES GEDÄCHTNIS ALS EIN MENSCH

◀ Irrsinns-Insekt

http://y2u.be/tBaRwtzFBbo

Die Maori nennen sie die „Göttin der hässlichen Dinge". So schlimm? Wenn man sich eine Riesen-Weta auf einem Bild anschaut, könnte man denken, sie sei klein wie eine Grille und gar nicht so unansehnlich, aber wehe, man begegnet ihr im wahren Leben – sie ist so groß wie ein Nagetier! Früher war das größte Insekt der Welt in Neuseeland weit verbreitet, doch heute findet man es wohl nur noch auf Little Barrier Island, einer Insel nordöstlich von Auckland. Eine Riesen-Weta wiegt mehr als ein Spatz und kann weder hüpfen noch fliegen. Doch mit ihren übergroßen Kieferzangen kann sie einen ziemlich gemein zwicken!

▼ Auf keine Kuhhaut

https://www.youtube.com/watch?v=JMWrXkLGCwA

Die größte Kuh der Welt war ein weibliches Holstein-Rind namens Blossom: Sie brachte es auf beeindruckende 190 cm! Im Mai 2014 wurde Blossom in Orangeville im US-Bundesstaat Illinois erstmals ins Guinness-Buch der Rekorde aufgenommen. Doch im Jahr darauf erhielt sie noch eine weitere Auszeichnung – als größte Kuh aller Zeiten.

▲ Sturzbombe

http://y2u.be/r7lglchYNew

Das schnellste Tier am Boden? Klar, das ist der Gepard. Doch welches Tier ist das schnellste überhaupt? Die Antwort lautet: der Wanderfalke. Beim horizontalen Flug kommt er auf etwa 80–100 km/h, doch beim Sturzflug auf eine sichere Beute erreicht dieser Greifvogel Spitzengeschwindigkeiten von über 240 km/h – und ist damit doppelt so schnell wie der Gepard. Der offizielle Rekord liegt bei 389 km/h. Wanderfalken rasen mit einem solchen Tempo zur Erde, dass sie ihre Beute für gewöhnlich mit einem einzigen Schlag töten.

GRÖSSTE KUH DER WELT

Nicht bummeln

http://y2u.be/rR4L6Gil1AE

„Wenn Bertie einmal loslegt, gibt es kein Halten mehr", behauptet der Besitzer von Adventure Valley, einem Freizeitpark in der englischen Grafschaft Durham. Er ist sich sicher: Bertie ist der Usair Bolt unter den Schildkröten. Und tatsächlich legte Bertie im September 2015 5,5 Meter in knapp 20 Sekunden zurück. Das ist mehr als doppelt so schnell wie die bisherige Rekordzeit aus dem Jahr 1977, die bei 44 Sekunden lag. Berties Tempo entspricht 1 km/h – herzlichen Glückwunsch also an die schnellste Schildkröte der Welt!

SCHRÄGE ESSENSREKORDE

Auch in der Welt des Essens und Trinkens gibt es Rekorde. Zum Beispiel Riesengemüse, Fast Food in Übergröße und eine verrückte, aber altehrwürdige Methode, Champagnerflaschen zu öffnen!

▶ Burger King

http://y2u.be/KQ0uDYdpHfs

Zwei flache Rinderfrikadellen, eine spezielle Sauce, dazu Salat, Käse, Gurken, Zwiebeln, und das Ganze in einem Sesambrötchen? Alles klar – das ist der Big Mac von McDonald's. Und Matt Stonie isst tatsächlich 25 davon in weniger als einer Stunde? Wir sprechen hier von fünf Kilo Fast Food und von stolzen 13 250 Kalorien. Doch Matt, einem bekannten YouTuber, ist es ernst: Nachdem er 120 Dollar am Drive-in-Schalter gelassen hat, stellt er sich mutig seiner Aufgabe. Schauen Sie selbst – aber besser nicht mit vollem Magen!

Die Allerschärfste

http://y2u.be/3zhym9oUSGU

Die „Carolina Reaper" ist eine Kreuzung zwischen einer Naga-Jolokia-Chili und einer Habanera-Chili. Sie gilt als die schärfste Paprikasorte der Welt. Auf der Scoville-Skala erreicht sie einen Durchschnittswert von 1 569 300 und ist damit 900-mal schärfer als Tabasco-Sauce. Genügend Videos auf YouTube zeigen, welch üble Folgen es haben kann, wenn man eine Chili isst, doch der dänische TV-Moderator Bubber ist verrückt genug, es selbst zu versuchen …

Säbelschwinger

http://y2u.be/k_vfg1dJito

Napoleon soll einmal gesagt haben: „Champagner! Nach einem Sieg hat man ihn sich verdient, nach einer Niederlage braucht man ihn." Seine Soldaten wurden als Erste für ihre Fähigkeit berühmt, Champagnerflaschen „aufzusäbeln", also den Flaschenhals durch einen Hieb mit der stumpfen Seite des Säbels vom Bauch zu trennen. Dabei ist es wichtig, das Glas genau an der richtigen Stelle zu treffen. Mitch Ancona kann das wie kein Zweiter: In nur einer Minute öffnet er 34 Flaschen – Weltrekord!

▼ Zwiebel-König

http://y2u.be/ZClfa3L0dtY

Tony Glover ist der König unter den Zwiebelzüchtern, denn eine seiner Zwiebeln ist 8,5 Kilo schwer. Nachdem er dem bisherigen Rekordhalter Peter Glazebrook einige Samen abgekauft hatte, brauchte Tony rund ein Jahr, bis er sein Prachtexemplar ernten konnte. Wichtig sei es, für genügend Stickstoff und das richtige Maß an Feuchtigkeit zu sorgen, sagt Tony. Seit 1985 hat sich die Größe von Rekordzwiebeln verdreifacht, und bis zur Neun-Kilo-Zwiebel wird es sicher nicht mehr lange dauern.

GRÖSSTE ZWIEBEL DER WELT

◀ Pizza im Galopp

http://y2u.be/IT09m7mOltM

Vor 6000 begeisterten Zuschauern bereitete Pali Grewal, Pizza-Bäcker aus dem Süden von London, in 39,1 Sekunden drei große Pizzen zu. Pro Pizza brauchte er also nur 13 Sekunden. Die Wettbewerbsteilnehmer mussten frischen Teig von Hand ausrollen, mit Tomatensauce bestreichen und belegen – eine Pizza mit Pepperoni, eine mit Pilzen und eine mit Käse. Zwei Juroren prüften jeden Arbeitsschritt auf das Genaueste. War eine Pizza nicht perfekt, ging sie zurück an den Bewerber, und der konnte sie neu machen.

SCHNELLSTER PIZZA-BÄCKER DER WELT

MENSCHLICHE REKORDE

Der Kleinste, der Größte usw. – Menschen mit besonderen körperlichen Eigenschaften haben ihre Umwelt schon immer fasziniert. Diese Clips zeigen die echten Menschen hinter der Statistik.

▶ Wahre Größe

http://y2u.be/RwzMWuAxANw

Robert Pershing Wadlow aus Alton im US-Bundesstaat Illinois ist der größte Mensch, der je gelebt hat. Er wurde 1918 geboren und war mit acht Jahren schon 1,88 Meter groß. Mit 19 hatte er eine Größe von 2,72 Meter erreicht. Zum Vergleich: Der größte zurzeit lebende Mensch misst „nur" 2,51 Meter. Leider lebte Robert nur noch wenige Jahre: Eine Infektion in seinem Fuß hatte sich in seinem ganzen Körper ausgebreitet. Er war als der „freundliche Riese" bekannt, und mehr als 27 000 Menschen kamen zu seinem Begräbnis.

Turmhoher Teenie

http://y2u.be/hBq06yJYqLQ

Wachstumsschübe bei Teenagern sind ganz normal: Eben noch war der Neffe ein 120 cm großer Zwölfjähriger, und plötzlich ist er 14 und nähert sich den 1,80 Meter. Doch der Amerikaner Broc Brown spielt in einer anderen Liga: Aufgrund einer genetischen Störung namens „Sotos-Syndrom" oder „Zerebraler Gigantismus" ist er während seiner Teenagerzeit bis zu 15 cm pro Jahr gewachsen. Mit 19 bringt es Broc auf 2,33 Meter. Ein Teenager ist er bald nicht mehr, aber womöglich der größte Mensch der Welt? Den derzeitigen Rekord hält der Türke Sultan Kösen mit 2,51 Meter.

DER GRÖSSTE MENSCH DER WELT

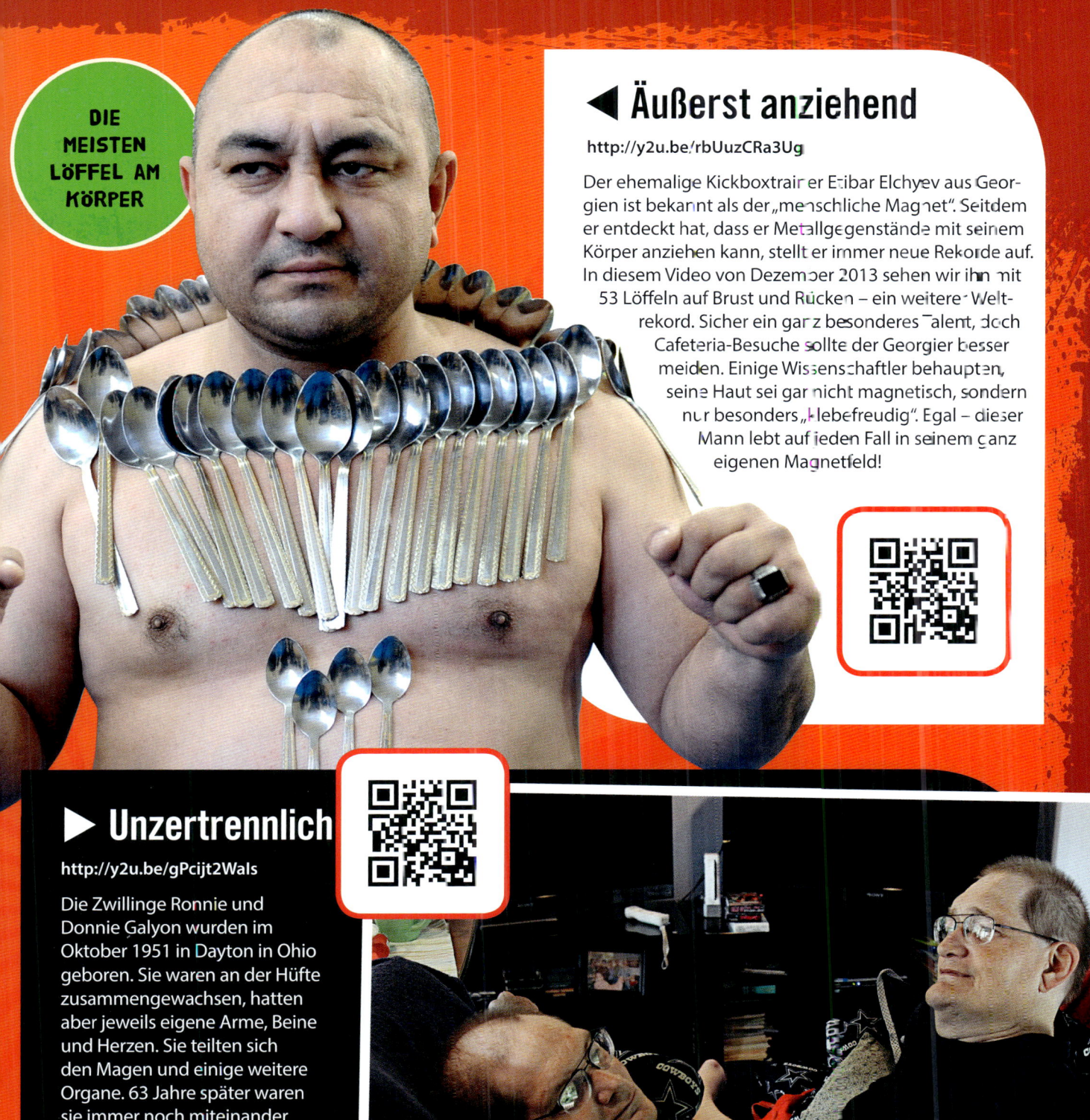

DIE MEISTEN LÖFFEL AM KÖRPER

◄ **Äußerst anziehend**

http://y2u.be/rbUuzCRa3Ug

Der ehemalige Kickboxtrainer Etibar Elchyev aus Georgien ist bekannt als der „menschliche Magnet". Seitdem er entdeckt hat, dass er Metallgegenstände mit seinem Körper anziehen kann, stellt er immer neue Rekorde auf. In diesem Video von Dezember 2013 sehen wir ihn mit 53 Löffeln auf Brust und Rücken – ein weiterer Weltrekord. Sicher ein ganz besonderes Talent, doch Cafeteria-Besuche sollte der Georgier besser meiden. Einige Wissenschaftler behaupten, seine Haut sei gar nicht magnetisch, sondern nur besonders „klebefreudig". Egal – dieser Mann lebt auf jeden Fall in seinem ganz eigenen Magnetfeld!

▶ **Unzertrennlich**

http://y2u.be/gPcijt2WaIs

Die Zwillinge Ronnie und Donnie Galyon wurden im Oktober 1951 in Dayton in Ohio geboren. Sie waren an der Hüfte zusammengewachsen, hatten aber jeweils eigene Arme, Beine und Herzen. Sie teilten sich den Magen und einige weitere Organe. 63 Jahre später waren sie immer noch miteinander verbunden und die ältesten siamesischen Zwillinge aller Zeiten. Damit hatten sie die Brüder Giacomo und Giovanni Battista Tocci überholt, die 1877 in Italien zur Welt kamen. Die Galyon-Zwillinge traten ab dem Alter von vier Jahren im Zirkus auf, leben jetzt aber bei ihrem jüngeren Bruder.

ÄLTESTE SIAMESISCHE ZWILLINGE

WILD UND VERRÜCKT

Versteckt in geheimen Ecken und Winkeln auf YouTube warten allerlei schräge und seltsame Rekorde auf ihre Entdeckung. Hier eine kleine Auswahl …

◢ Kunst des Küssens

https://www.youtube.com/watch?v=WJWbg2X5I14

Bei einem Kusswettbewerb im thailändischen Pattaya pressten die Eheleute Ekkachai und Laksana Tiranarat ihre Lippen 46 Stunden und 24 Minuten aufeinander und wurden so zu Siegern unter 14 Paaren, die allesamt eine Heiratsurkunde oder eine Erlaubnis ihrer Eltern vorweisen mussten. Allerdings ging es bei dem Kussmarathon nicht nur um Liebe, sondern auch um einen Diamantring und einen Geldpreis. Noch unromantischer: Die Paare durften essen, trinken und zur Toilette gehen, solange sie sich weiterhin umarmten.

DER LÄNGSTE KUSS DER GESCHICHTE

Schnellstapler

http://y2u.be/RsBdA2S2E-8

Sportstapeln ist ein Spiel, bei dem die Teilnehmer Plastikbecher so schnell wie möglich auf eine bestimmte Weise aufeinanderstapeln müssen. Die schwierigste Variante ist der „Cycle", bei dem zwölf Becher auf drei verschiedene Arten gestapelt werden, darunter auch zur Pyramide. Der damals 15-jährige William Orrell ist unbestrittener Stapelkönig – er hält den Rekord in allen drei Disziplinen. Dieses Video zeigt ihn beim ersten internationalen Sportstapelturnier überhaupt, während er gerade einen unglaublichen Rekord aufstellt: Für seinen „Cycle" braucht er gerade einmal 5,1 Sekunden!

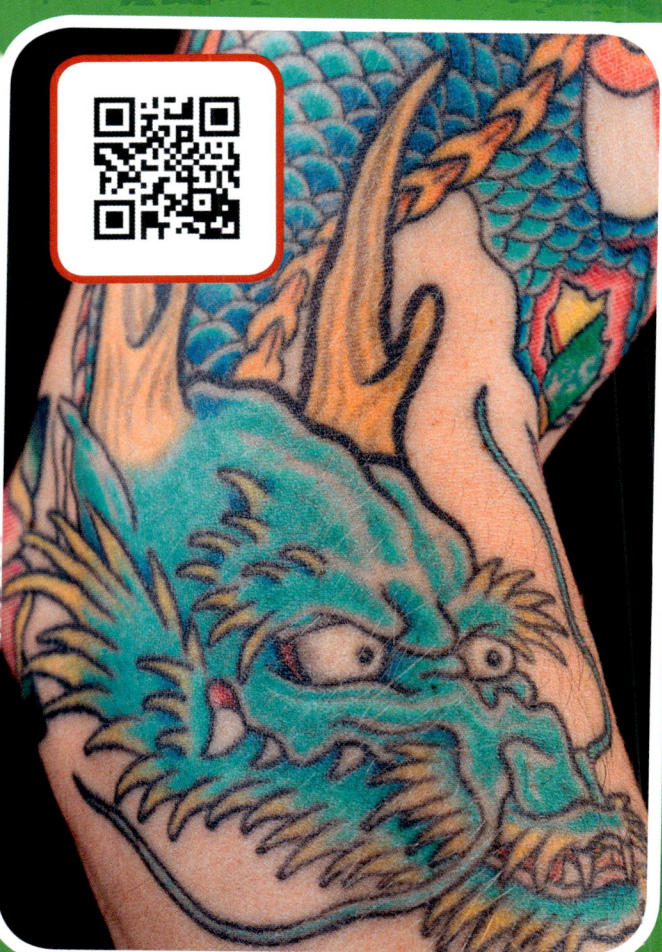

◀ Aus Liebe zum Tattoo

http://y2u.be/QIULSyKlrGY

Alle Paare brauchen eine gemeinsame Leidenschaft. Wofür Chuck Helmke und Charlotte Guttenberg sich begeistern, sieht man auf den ersten Blick: Der 75-jährige Chuck und die 65 Jahre alte Charlotte haben sich 2006 in einem Tattoo-Studio kennengelernt. Charlotte hatte die Körperkunst damals gerade erst für sich entdeckt, während Chuck schon fünf Jahre früher damit begonnen hatte, seinen Körper mit Tinte verschönern zu lassen. Heute sind sie ganz offiziell die meisttätowierten Senioren der Welt: Ihre Körper sind zu 90 Prozent mit Tattoos bedeckt, darunter auch ihre rasierten Köpfe. Dieser Rekord wird also schwer zu schlagen sein …

MEIST-TÄTOWIERTE SENIOREN

▶ Zum Sterben cool

http://y2u.be/xtHzRjnoXKw

Im November 2014 versammelten sich im Zentrum von Mexiko-Stadt 509 ziemlich gruselig aussehende Skelette in Ballkleidern und extravaganten Hüten zur weltgrößten Ansammlung von Catrinas. Die Figur der La Catrina, auch bekannt als der „Elegante Tod", wurde von den Künstlern José Guadalupe Posada und Diego Rivera erfunden und durch ihre Werke unsterblich. Heute ist die Figur in Mexiko ein fester Bestandteil der Feiern am Tag der Toten: Menschen verkleiden sich als Skelette, gehen auf den Friedhof und bringen den Toten Essen und Geschenke.

GRÖSSTE VERSAMMLUNG VON CATRINAS

REKORDE IM SPORT

Beim Sport geht es nicht nur ums Gewinnen. Es geht auch um Rekorde. Diese Menschen haben Sportgeschichte geschrieben – wenn auch auf etwas seltsame Weise!

▶ Punktlandung

https://www.youtube.com/watch?v=H9SF2YIKRY8

Auf der Insel Tasmanien vor der australischen Südküste wurde ein wirklich komischer Rekord gebrochen. Vom 127 Meter hohen Gordon-Staudamm warfen drei Freunde einen Basketball so perfekt, dass er nach einem schier endlosen Fall in die Tiefe punktgenau in einem Basketballkorb landete – unter den Jubelschreien der wenigen Anwesenden. Bis jetzt wurde dieses Video über acht Millionen Mal angeklickt, und die jungen Australier, die weltweit auf der Suche nach Möglichkeiten für ähnlich schräge Kunststückchen sind, haben es nun ganz offiziell: Ihr Wurf war der weiteste Basketballtreffer aller Zeiten.

Die extreme Neunzehn

http://y2u.be/iOWR7O1oSgU

Im Legend Golf Club in Südafrika spielt man auf einem 18-Loch-Platz. Doch sein Bonus-Loch – das „Xtreme 19th", ist das am tiefsten gelegene und am weitesten entfernte Par-3-Loch der Welt. Der Abschlag befindet sich auf einem Felsvorsprung, 426 Meter über einer Rasenfläche in der Form von Afrika. Von hier aus braucht der Ball fast 30 Sekunden bis zum Erdboden. Wer ihn mit einem Ass – also mit nur einem Schlag – ins Loch befördert, dem winken eine Million Dollar, doch bis jetzt kam niemand unter zwei Schläge.

WELT-REKORD-KORB-WURF

◀ Ein Fußball fällt vom Himmel

https://www.youtube.com/watch?v=2YSQ7-e-fZ0

Im Dezember 2016 unternahmen die Spieler Laurent Koscielny, Francis Coquelin, Theo Walcott und Nacho Monreal von Arsenal London einen Rekordversuch, bei dem es darum ging, einen Ball aus großer Höhe mit dem Fuß aufzufangen und zu kontrollieren. Englands Nationalstürmer Theo Walcott erwies sich als Meister: Er brachte den 34 Meter tief fallenden Ball nicht nur unter Kontrolle, sondern schaffte noch vier weitere Ballkontakte, ohne dass das Leder den Boden berührte. Wenn die „Gunners" in einem künftigen Spiel den Ball wieder mal Richtung Himmel schießen, dann weiß man jetzt, auf wen sie am Boden hoffen.

Auf High Heels

http://y2u.be/WJ2DC2X1e5k

In High Heels zu rennen, kann gefährlich sein: Es drohen gebrochene Füße oder verstauchte Knöchel. Allerdings nicht, wenn man Julia Plecher heißt. Alles, was die junge Deutsche bei einem 100-Meter-Sprint auf Stilettos gebrochen hat, ist ein Weltrekord. In einem hautengen Kleid, das zu ihren goldenen High Heels passte, schaffte sie die Strecke in unter 15 Sekunden. Im Clip sieht man Julia auch ein Stiletto-Rennen in Berlin gewinnen – auf 8,5 cm hohen Absätzen!

▶ Held in Holzschuhen

http://y2u.be/2CdYF41M6rw

Der australische Rugby-Profi Drew Mitchell ist einer der besten Spieler seines Landes – über 70-mal ist der Stürmer für Australien angetreten. Doch er bricht auch immer wieder neue Rekorde: Im TV-Sender Sky Sports Rugby war er es, der in einer Minute die meisten Rugby-Pässe und die meisten Tore warf. Und auch der Preis für die meisten in einer Minute mit dem Bizeps zerquetschten Äpfel (nämlich 14) geht an ihn. In diesem Video stellt Drew einen weiteren Rekord auf: In schweren holländischen Holzschuhen läuft er 100 Meter in nur 14,43 Sekunden.

SCHNELLSTE 100 METER IN HOLZSCHUHEN

REKORDE IM FREIZEITPARK

Einfach schreien, wenn es schneller gehen soll! Allerdings geht es selten schneller als bei diesen Rekordfahrten – zum Schreien sind sie trotzdem!

DIE MEISTEN NACKTEN IN EINER ACHTERBAHN

▼ Wiener Wirbel

http://y2u.be/UATJDA35wXk

Sie haben's nicht so mit schnellen Umdrehungen? Dann ab mit Ihnen nach Wien, berühmt für Mozart, Sachertorte – und ein 117 Meter hohes Kettenkarussell! Der Praterturm ist so hoch wie ein 33-stöckiges Haus und man „fliegt" mit einer Geschwindigkeit von 60 km/h. Wer im höchsten Kettenkarussell der Welt sitzt, könnte von seinem Platz aus ohne Probleme die Fackel der Freiheitsstatue löschen oder die Spitze von Big Ben abbrechen. Doch ein Wahnsinnsrundblick auf Wien tut's auch!

HÖCHSTES KETTEN-KARUSSELL DER WELT

Nackter Ehrgeiz

http://y2u.be/-JPsaK0fmpM

Im Adventure Island, einem Freizeitpark im englischen Southend-on-Sea, gibt es eine Achterbahn namens „Der grüne Schrei". Nun, einige Zuschauer wurden sicherlich grün vor Neid und andere schrien sogar vor Lachen, als am 8. August 2010 102 mutige Menschen das Fahrgeschäft bestiegen, um im Rahmen einer Wohltätigkeitsveranstaltung einen Rekord aufzustellen – nämlich den der meisten Nackten in einer Achterbahn. Obwohl sie nichts hatten, wo sie ihr Kleingeld unterbringen konnten, füllten die Nackedeis dreimal die Bahn und ließen sich ablichten – mit strategisch platzierten Sicherheitsgurten und brav gefalteten Armen.

▼ Auf dem Kopf

http://y2u.be/qqN9PDS3hOc

Es sollen schon Leute über vier Stunden angestanden haben, um zwei Minuten und 45 Sekunden mit dem „Smiler" von Alton Towers zu fahren, einem Vergnügungspark in England. Der „Smiler" ist die Achterbahn mit den meisten Umdrehungen der Welt. Insgesamt sind es 14 Umdrehungen auf sieben verschiedene Arten: Da gibt es den Korkenzieher, die Kobra und den Looping, aber auch so spezielle Kicks wie die doppelte Fledermaus und die Seeschlange. Alles klar? Nein? Auch egal – einfach einsteigen und gut festhalten!

Schneller geht's nicht

http://y2u.be/ijuCwnfBBZw

Die Formula-Rossa-Achterbahn in der Ferrari World von Abu Dhabi schafft es von null auf 100 in nur 2 Sekunden. Ihre Höchstgeschwindigkeit beträgt 240 km/h – Weltrekord! 2010 wagten die Formel-1-Piloten Felipe Massa und Fernando Alonso eine Fahrt. Doch auch wenn die beiden es gewohnt sind, mit Spitzengeschwindigkeiten umzugehen – normalerweise tragen sie beim Fahren Helme. Sehen Sie selbst, was diese Achterbahn aus zwei routinierten Rennfahrern macht!

REKORD-VERDÄCHTIGE ACHTERBAHN

31

SCHRECK LASS NACH!

Greifen Sie in den Glückstopf der Weltrekorde und passen Sie auf, was Sie herausziehen – haarsträubende Geschichten, interessante Sammlungen und einige wirklich, wirklich seltsame Dinge!

GEFÄHRLICHSTE STRASSE DER WELT

▲ Steiniger Weg

http://y2u.be/zGA3qXQs1wE

Die nördliche Yungas-Straße in Bolivien ist 43 Kilometer lang, hat bis zu 600 Meter tiefe Felsabgründe und kostete bis 2006 jedes Jahr 300 Menschen das Leben. Kein Wunder, dass man sie auch „Straße des Todes" nennt. Zu den Bedrohungen gehören Steinschlag, Nebel und Trucks, die sich auf losem Schotter aneinander vorbeizwängen. Zum Teil ist die Straße nur einspurig, knapp drei Meter breit, es gibt keine Leitplanken und der Abgrund ist nur Millimeter entfernt. Immerhin belohnt einen diese gefährliche Strecke immer wieder mit fantastischen Ausblicken.

▼ Mister Selfie Man

http://y2u.be/CIGajvF89NQ

Bei der Premiere von „Zoolander 2" im Februar 2016 stellte Hollywoodstar Ben Stiller einen Rekord auf, indem er für ein Gruppenbild den längsten Selfie-Stick der Welt benutzte. Das Foto zeigte Schauspieler aus dem Film. Knapp einen Monat später bastelte YouTuber James Ware aus London einen Selfie-Stick, der mit knapp zehn Metern Länge rund 90 cm länger war als der von Stiller. Er versuchte damit ein Foto auf dem Trafalgar Square zu machen, wurde aber von Sicherheitsbeamten vertrieben und musste sich eine weniger prominente Location suchen. Einziger Zeuge ist ein verwirrter Passant, aber wer sagt schon, dass Rekorde immer glanzvoll sein müssen?

Bretter am Berg

http://y2u.be/KbtZfzxX44o

Wie weit würden Sie für einen atemberaubenden Ausblick gehen? Wenn Ihre Antwort lautet: „Egal, auch einen wackligen Bretterweg an einer Felswand entlang", dann ist der chinesische Berg Hua das ideale Reiseziel. Die Bretter führen nirgendwohin – nur zu einem faszinierenden Blick über die Berge der Umgebung. Auf dem Rückweg müssen Sie übrigens mit „Gegenverkehr" rechnen! Doch wenn Sie Ihre Ängste einmal überwunden haben, werden auch Sie zu denjenigen gehören, die von sich sagen können, dass Sie den gefährlichsten Trail der Welt gegangen sind!

Menschliche Fackel

http://y2u.be/hICWU9HC7ts

Extremschutzkleidung wird von Formel-1-Piloten und Stuntmen am Film-Set getragen. Doch Anthony Britton hält nichts davon: Für seinen Weltrekordversuch im Feuerrennen zog er drei Overalls an und setzte mehrere Wollmützen sowie einen Motorradhelm auf. Hunderte von Zuschauern in einem Park im englischen Croydon sahen danach zu, wie Anthony – ein erfahrener Entfesselungskünstler – sich mit Benzin übergoss, sich anzündete und über den Rasen rannte. Er schaffte unglaubliche 181 Meter, bevor er sein Team bat, die Flammen zu löschen

▶ The Big Bang!

http://y2u.be/AdtSdVop6V0

James-Bond-Filme dafür bekannt, dass sie schon so einige Rekorde gebrochen haben, doch der neueste Streich erschütterte im wahrsten Sinne des Wortes die Welt. Den Höhepunkt von „Spectre", dem 24. Film der James-Bond-Reihe, bildet die größte Filmexplosion aller Zeiten: Vor den Augen von Daniel Craig und Madeleine Swann wird Blofelds Wüstenstützpunkt in die Luft gejagt! Für die am 29. Juni 2015 im marokkanischen Erfoud gefilmte Explosion wurden über 8000 Liter Benzin und 33 Kilo Sprengstoff benötigt. Zwar dauert sie im Film nur 7,5 Sekunden, aber trotzdem – was für ein Kracher!

BITTE NICHT NACHMACHEN!

Wie entschlossen kann man sein, den eigenen Namen im Buch der Rekorde unterzubringen? Die folgenden Kandidaten kennen da offenbar überhaupt keinen Schmerz …

Kerzen im Wind

http://y2u.be/kvGa-OXORhw

Es ist nicht großartig, es sieht nicht besonders intelligent aus, aber cool ist es trotzdem: Machen Sie es auf keinen Fall nach, aber schauen Sie sich an, wie der 28-jährige Filipino Ronald Cabañas fünf Kerzen mit seinen Körperwinden ausbläst. Außer einigen gezielten Flatulenzen braucht er nichts weiter als eine … nun ja … Furztrompete Marke Eigenbau, und schon löscht er alle Flammen in weniger als 30 Sekunden. Eine ganz besondere Begabung, aber eine Karriere wird Ronald, im wahren Leben Farmer und Teilzeitportier, daraus wohl nicht machen können.

▶ Klammer-Face

GRÖSSTE ANZAHL KLAMMERN IM GESICHT

http://y2u.be/pS2AszO0z44

Wir alle haben verborgene Talente – es kommt nur darauf an, sie zu finden. „Klammermann" Kelvin Mercado, 36 Jahre alt, hat entdeckt, dass er ein einzigartiges Talent dafür besitzt, Wäscheklammern in seinem Gesicht zu befestigen – und hält jetzt darin den Weltrekord! Die Klammern werden ordentlich an jedes lose und nicht so lose Stück Haut geklemmt und auch an Mund und Nase. Insgesamt kommt Kelvin so auf 163 Klammern – ein echter Hingucker!

▼ Wohl bekomms!

http://y2u.be/Q60mABHsSxM

Der Barmann in „Zurück in die Zukunft III" spricht von einem „Aufwachsaft". Doch eigentlich reicht schon der Anblick einer Flasche Tabasco-sauce und das Herz fängt an zu rasen. Dabei besteht die Sauce aus nur drei einfachen Zutaten (rote Chili, Salz und destillierter Essig), doch zusammengemixt erreichen sie 2500–5000 SHU auf der Scoville-Skala. Hut ab also vor Andrew Hajinikitas, der in 30 Sekunden zwei volle Flaschen vor laufender Kamera leer trinkt.

Ein bisschen zu scharf?

http://y2u.be/zUeUpAhq4Gw

Dies hier ist völlig verrückt: Schon ein kleines Stückchen Glas zu schlucken, kann einen Menschen töten. Beim Passieren des Verdauungstrakts kann es den Mund, den Rachen, den Magen und die Eingeweide verletzen. Doch der 22-jährige Potesh Talukdar aus Assam in Indien scheint kein Problem damit zu haben, ein ganzes Cocktailglas voll mit Splittern nur mit etwas Zitronensaft zu schlucken – und das in nur einer Minute und 27 Sekunden. So richtig zur Sache geht es im Clip ab etwa der sechsten Minute.

▶ Feuerring

https://www.youtube.com/watch?v=F--nCc58sTc

Auf Südafrikas größter Motor-rad-Convention, der „Rhino Rally" am 5. September 2014, stellten Enrico Schoeman und André de Kock einen neuen Rekord auf: Sie fuhren auf einem pinken Motorrad mit Beiwagen durch einen 120 Meter langen Feuertunnel! Fahrer Enrico Schoeman gab danach zu: „Ich war durch die Hitze so orientierungslos, dass ich nicht wusste, wohin ich fuhr." Krass!

LÄNGSTE MOTORRAD-FAHRT DURCH EINEN FEUER-TUNNEL

REKORDE GEGEN DEN DURST

Hier geht's nicht nur ums Trinken (auch wenn manche ganz schön saufen können!), sondern auch ums Schütteln, Saugen und Tragen und sogar um wissenschaftliche Experimente!

Meister der Maßkrüge

http://y2u.be/1_e9oTrrf6E

Es ist ja schon schwierig genug, sich mit drei vollen Gläsern durch eine Bar zu drängeln. Von daher einen kräftigen Applaus für Oliver Strümpfel! Er arbeitet auf dem Gillamoos, einem traditionellen Volksfest im bayerischen Abensberg, und schaffte es, 27 volle Maßkrüge 40 Meter weit zu tragen. Keine schlechte Leistung, wenn man bedenkt, dass das Gesamtgewicht von über 60 Kilo fast dem eines Erwachsenen entspricht.

Mund auf!

http://y2u.be/7C5Rc6ny2tY

Lehrer Dinesh Shivnath Upadhyaya aus Mumbai ist verrückt nach Höchstleistungen. Seine 176 Rekorde fallen in viele Kategorien, doch eine davon wird Sie besonders zum Staunen bringen: Dinesh ist ein echtes „Großmaul" und dafür bekannt, dass er sich ganze Trauben, Zwiebeln, Bleistifte, Golfbälle, Kerzen und jede Menge andere Gegenstände in den Mund stecken kann. Seine größte Herausforderung war sicherlich die, 1001 Strohhalme unterzubringen. Zumal die Regeln besagen, dass die Halme einen Mindestdurchmesser von 6,4 mm haben und 10 Sekunden im Mund verbleiben müssen.

▶ Mixen mit Flair

http://y2u.be/JzpHoNBeN9w

Hinter einer Bar zu stehen, ist ein echtes Talent. Nein – nicht, sich zu merken, wer zuerst da war, oder ein Glas Pils vernünftig einzuschenken, sondern die Gäste zu unterhalten und zu begeistern. Beim „Flair Bartending" geht es darum, mit Flaschen und Cocktailshakern kunstvoll zu hantieren, also auf eine extrem anspruchsvolle und spannende Weise jonglierend einen Drink zu mixen. Tom Dyer ist hier der unbestrittene Champion: Er hält den Rekord für die meisten Flaschen-Loopings und Stöße mit den Ellenbogen.

WELT-BESTER BARTENDER

▲ Nur ein Spritzer Cola

http://y2u.be/uQ05eALMBEo

Jedes Schulkind weiß es: Mit Mentos und Cola wird jede Chemiestunde zum Spektakel! Niemand weiß genau wann, aber wenn alles gut geht, kommt am Ende eine riesige Fontäne dabei heraus. Über 500 Bewohner von Cincinnati versammelten sich deshalb im Mai 2007 am Fountain Square, um die meisten Mentos-Geysire zur selben Zeit am selben Ort zu starten. Das große Spritzen fand tatsächlich zeitgleich statt und führte zum schönsten Cola-Regen – und zu einem klebrigen Chaos im Stadtzentrum.

Trink-Champion

http://y2u.be/EmZGzoRXPP0

Über zehn Millionen Viewer haben dieses megacoole Video bereits angeklickt. Der Clip stammt aus einer japanischen TV-Show, in der Ken Domon aus der Präfektur Hokkaido eine 1,5-Liter-Flasche Wasser in einem Zug leert – in weniger als 5 Sekunden! Es braucht viel Geschick, um das Wasser in dieser Zeit überhaupt aus der Flasche zu kriegen. Achten Sie auf die Pause, in der er die Flasche sich aufblähen lässt, bevor er sie für die letzten Tropfen wieder zusammendrückt.

▼ Milch-Mann

http://y2u.be/kBFugzV1KxI

Kobayashi, der Meisteresser (vgl. S. 107), bei der „Arbeit": Hier ist er in Uncle Bob's Self Storage in Upper Saddle River in New Jersey und trinkt eine Gallone Milch (das sind fast vier Liter!) in nur 20 Sekunden. Glaubt man der Beschreibung zu dem Clip, dann hatte er kurz zuvor 13 Cupcakes in einer Minute gegessen (und damit einen Rekord gebrochen) und brauchte jetzt „etwas zum Runterspülen". Wenn man bedenkt, dass der menschliche Magen angeblich nur knapp drei Liter fasst, fragt man sich, wo er das alles lässt.

DIE ALLERGRÖSSTEN!

Wenn es um Rekorde geht, kommt es auf jeden Fall auf die Größe an! Größenrekorde gehörten schon immer zu den beliebtesten aller Kategorien. Hier ein paar kolossale Beispiele.

Königs-Kuli

https://www.youtube.com/
watch?v=xPqv7xN1ilU

Die Feder ist mächtiger als das Schwert, heißt es oft. Der riesige Stift, den Acharya Makunuri Srinivasa aus dem indischen Hyderabad konstruiert hat, wird auf jeden Fall mehr Spuren hinterlassen – als größter jemals hergestellter Kugelschreiber der Welt! Der mächtige Stift ist 5,5 Meter lang – und damit 38-mal größer als ein normaler Kuli – und wiegt über 37 Kilo. Er ist voll funktionsfähig, wenn auch nicht unbedingt praktisch.

▶ Ei-ndrucksvoll!

http://y2u.be/aNUW6DL7LXw

Das größte Vogelei der Welt wurde 2013 für 66 675 britische Pfund bei Christie's versteigert. Das Ei des Elefantenvogels ist 30,5 cm lang und fast 23 cm hoch und damit 100-mal größer als ein durchschnittliches Hühnerei. Die Elefantenvögel sind spätestens seit dem 17. Jahrhundert ausgestorben, sie lebten auf Madagaskar. Der einem Strauß ähnliche, flugunfähige Vogel konnte bis zu drei Meter groß werden.

DAS GRÖSSTE EI DER WELT

Spiel ab!

http://y2u.be/GXA76kv5Zeo

Nichts geht über eine schnelle Runde Monopoly – vor allem nicht in der Studentenvereinigung Ceres an der Universität im niederländischen Wageningen. Im November 2016 bauten deren Mitglieder das größte Brettspiel der Welt auf, nämlich ein 900 Quadratmeter großes Monopoly-Spielfeld. Das entspricht in etwa eineinhalb Fußballfeldern! Nachdem sie das Spiel aus 804 Einzelteilen zusammengesetzt hatten, probierten die Teilnehmer die einen Meter hohen Würfel aus. Natürlich gingen sie über „Los" und marschierten direkt in die Rekordbücher!

▼ Haushoch

http://y2u.be/EptwF6cZMWg

Von all den Rekorden der Olympischen Spiele in Rio fällt dieser hier am meisten ins Auge: Für eine Mauer am Olympia-Boulevard entwarf der Künstler Eduardo Kobra ein riesiges Wandbild mit dem Titel „Etnias" (Ethnien). Das farbenfrohe Bild zeigt Gesichter indigener Menschen aus fünf verschiedenen Kontinenten. Es ist 15,5 Meter hoch und 170 Meter breit, und für seine Herstellung wurden 180 Eimer Farbe sowie 3500 Dosen Sprühfarbe verbraucht. Es ist das größte Wandbild der Welt und Kobra und sein Team benötigten zwei Monate, um es zu vollenden.

GRÖSSTES WANDBILD DER WELT

JE MEHR, DESTO BESSER!

Wenn viele Leute zusammenkommen, kann man andere treffen, die ähnlich strange gekleidet sind wie man selbst, kann im Stadion die Beine ausstrecken oder einfach mal aus der Reihe tanzen …

▼ Zombie-Apokalypse (naja … fast)

http://y2u.be/QkqC6Fni2KE

Der Zombie Pub Crawl in Minneapolis gilt als weltgrößte Party für Untote und ihre Fans. Auf dem Programm stehen Live-Pop-Acts, ein Gehirnwettessen, ein Gefangen-im-Wandschrank-Singalong und ein Zombie-Spaßrennen! Seit 2005 treffen sich die lebenden Toten (oder Menschen, die so aussehen) in Minneapolis. Aus den ursprünglich 500 Zombies wurden dabei Jahr für Jahr mehr, bis 2014 über 15 000 Menschen in typischer Zombie-Manier durch die Straßen taumelten. Das offiziell weltgrößte Zombie-Treffen!

Krasse Kissenschlacht

http://y2u.be/KQ_SYl9vlkc

Niemand möchte im Stadion eine Prügelei sehen, aber vielleicht könnte man für das CHS Field, die Heimat des Baseballteams St. Paul Saints aus Minnesota, eine Ausnahme machen. Im Spiel gegen die Winnipeg Goldeyes brach eine ohrenbetäubende Schlacht aus – und zwar unter den 6261 Zuschauern. Es handelte sich allerdings um die freundlichste aller Konfrontationen, nämlich um eine Kissenschlacht. Die „Waffen" stammten von einem örtlichen Hersteller, und so schlugen sich denn Zuschauer, Mitarbeiter und Maskottchen die Ruhekissen bei der größte Kissenschlacht aller Zeiten um die Ohren.

DIE MEISTEN ZOMBIES DER WELT

▶ Wing-Chun-Spaß

https://www.youtube.com/watch?v=9nqMKA64iSs

Wing Chun ist Chinas beliebteste Kampfsportart und zugleich die bekannteste Kung-Fu-Variante der Welt. Bei dieser Form der Selbstverteidigung geht es darum, den Gegner mit Kraft und Präzision zu bekämpfen und zu treffen. Am 8. Januar 2015 war die Bühne frei für die größte jemals gefilmte Wing-Chun-Vorführung in Chengdu, der Hauptstadt der chinesischen Provinz Sichuan. Genau 10 021 Teilnehmer hatte das Sichuan Southwest Vocational College hierfür mobilisiert. Alle zusammen traten und schlugen sie einem neuen Weltrekord entgegen.

GRÖSSTE WING-CHUN-VORFÜHRUNG

◤ Alle ins Auto!

http://y2u.be/cp8xJRFirAM

So viele Menschen wie möglich in einem Mini unterzubringen, ist ein Klassiker unter den Rekordversuchen. Die Frauen aus diesem Team quetschten sich in die Sitze, auf das Armaturenbrett und in die Fußräume, vier weitere wurden in den Kofferraum gestopft. Insgesamt stellten sie mit 23 Personen in einem Mini einen neuen Rekord auf. Achten Sie im Video auf die kurze Schrecksekunde, in der es so aussieht, als würden sich die Türen nicht wieder öffnen lassen!

DIE MEISTEN MENSCHEN IN EINEM MINI

Ho-Ho-Wow!

http://y2u.be/uoW2A_vqwpQ

Normalerweise reist der Weihnachtsmann ja auf einem von Rentieren gezogenen Schlitten. Allerdings nicht in Bondi Beach, einem Stadtteil von Sydney: In dem weltberühmten Surferparadies kommt er natürlich stilecht auf einem Brett angesurft. Und es kommt auch nicht nur ein Weihnachtsmann, es kommen Hunderte! Im Dezember 2015 erschienen 320 Weihnachtsmänner und -frauen im Rahmen einer Wohltätigkeitsveranstaltung in roten Anzügen und mit (einigen) weißen Bärten zur weltgrößten Surfstunde. Wenn sich also in diesem Jahr der Weihnachtsmann bei Ihnen nicht blicken lässt, surft er wahrscheinlich noch draußen in Bondi.

WILDE NATURGEWALTEN

Mutter Natur ist immer für einen Rekord gut. Einige der spektakulärsten Beweise können Sie auf YouTube sehen: Kalbende Eisberge, verheerende Wirbelstürme und weitere spannende Phänomene …

Spitze des Eisbergs

http://y2u.be/hC3VTglPoGU

Über 50 Millionen Menschen haben diesen atemberaubenden Clip aus dem Dokumentarfilm „Chasing Ice" gesehen. Der Ausschnitt zeigt einen historischen Eisabbruch am Ilulissat-Gletscher in Westgrönland – das größte Gletscherkalben, das je auf Film gebannt wurde! Hier lösen sich Eisberge von einem größeren Stück Schelfeis – nur sind die Bruchstücke in diesem Fall 7,4 Kubikkilometer groß. Der Ilulissat- oder Jakobshavn-Gletscher bringt rund zehn Prozent der grönländischen Eisberge hervor, da sich pro Jahr etwa 35 Milliarden Tonnen Eis von ihm lösen.

Einfach ein Riesen-Wirbel!

http://y2u.be/Q7X3fyId2U0

Am Abend des 31. Mai 2013 zog der größte Tornado aller Zeiten über das ländliche Oklahoma hinweg. An seiner breitesten Stelle maß er 4,2 Kilometer, insgesamt bewegte er sich über 26 Kilometer weit. Der Sturm mit Windgeschwindigkeiten von über 475 km/h tobte sich zum Glück auf dem Land aus, doch trotzdem verloren acht Menschen ihr Leben. Sie alle starben in ihren Autos – entweder auf der Flucht vor dem Sturm oder als filmende „Sturmjäger".

BREITESTER TORNADO ALLER ZEITEN

▲ Ewige Lichtblitze

https://www.youtube.com/watch?v=edrAL2t99kE

2014 wurde ein Landstrich im nordwestlichen Venezuela, wo der Fluss Catatumbo in den Maracaibo-See mündet, als Region mit den meisten Gewitterstürmen anerkannt. Dieser als Relámpago del Catatumbo (Catatumbo-Gewitter) bekannte „ewige Sturm" tritt fast jede Nacht auf. Im Durchschnitt kommt es dabei zu 28 Blitzschlägen pro Minute, und das über einen Zeitraum von bis zu zehn Stunden. Pro Stunde werden dadurch nicht weniger als 3600 Einzelblitze produziert. Auch wenn sich um dieses Phänomen viele Mythen ranken, ist sich die Wissenschaft sicher, dass es sich um normale Gewitter handelt, deren Häufigkeit auf die regionale Topografie und die vorherrschenden Winde zurückzuführen ist.

Heißester Ort der Welt

https://www.youtube.com/watch?v=3zVtasUPZPc

Das Death Valley in Kalifornien ist der heißeste Ort der Erde. Hier wurden am 10. Juli 1913 stolze 56,7 °C erreicht. Besondere geografische und geologische Bedingungen machen aus diesem Tal des Todes (das zugleich auch der tiefste Punkt in Amerika ist) einen riesigen Backofen, in dem Temperaturen von über 50 °C keine Seltenheit sind. Und das sind nur die Lufttemperaturen! Am Boden kann es schon mal über 90 °C heiß werden – das reicht für ein Spiegelei!

Der Tag, an dem die Erde unterging

http://y2u.be/IdsWIf2OSYQQ

Im März 2011 erschütterte ein Erdbeben der Stärke 9 den Nordosten Japans. Es war das stärkste jemals in Japan gemessene Beben und das viertstärkste weltweit seit Beginn der Aufzeichnungen im Jahr 1900. Es verursachte einen Tsunami, die Nuklearkatastrophe von Fukushima und verschob die japanische Hauptinsel Honschu um 2,4 Meter nach Osten. Dieses atemberaubende Video zeigt, wie es sich anfühlt, bei einem solch schrecklichen und verheerenden Ereignis dabei zu sein.

REKORDE IM EXTREMSPORT

Da draußen ist es extrem gefährlich. Vor allem wenn Sie verrückt genug sind, es schneller, höher oder tiefer schaffen zu wollen als alle anderen Anhänger Ihrer Extremsportart.

Sacré Bleu!

http://y2u.be/8CJURZ5HAs4

Der Franzose Taig Khris ist ein Held auf seinen Inlineskates. Vor allem aber ist er dafür bekannt, dass er gern von hohen Gebäuden herunterskatet. Nachdem er sich 2010 schon einmal von der ersten Ebene des Eiffelturms in die Tiefe gestürzt hatte, sprang er nun vor Sacré-Cœur den Montmartre hinab, also die höchste Erhebung von Paris. Er skatete eine 150 Meter lange Rampe entlang, machte dann seinen Sprung und landete weich auf einer aufblasbaren Halfpipe. Mit einer Gesamtdistanz von 290 Metern erzielte er einen neuen Weltrekord.

▶ Massen-Surfen

https://www.youtube.com/watch?v=mLH8OFLcIsU

Um für das kalifornische Surfer-Eldorado Huntington Beach zu werben, stachen am International Surfing Day 66 Wasserratten zwischen 15 und 79 Jahren auf einem überdimensionalen Surfbrett in See. Das 13 Meter lange und über drei Meter breite Brett musste zuvor mit einem Mobilkran zu Wasser gelassen werden. Ziel war es, den Weltrekord der meisten Menschen auf einem Surfbrett zu brechen. Die 66 Teilnehmer hielten sich beeindruckende 13 Sekunden auf dem Brett, danach hatten sie es geschafft und der Rekord war gebrochen.

DIE MEISTEN MENSCHEN AUF EINEM SURFBRETT

◀ Russischer Base-Jumper

http://y2u.be/oQjp0DgqWpg

Um zum Ort seines Rekordsprungs zu gelangen, hat der russische Extrem-sportler Waleri Rosow eine 31-tägige Expedition auf sich genommen. Schon 2013 war er auf dem Mount Everest zum welthöchsten Base-Jump angetreten, doch das hat dem Adrenalin-Junkie offenbar nicht gereicht. Also stieg er 2016 bis kurz unter den Gipfel des sechsthöchsten Berges der Welt, des Cho Oyu in China, um seinen eigenen Rekord zu toppen. Aus einer Höhe von 7700 Metern sprang er vom Felsen ab, verbrachte 90 Sekunden im freien Fall, bevor sich sein Schirm öffnete, und landete schließlich 1700 Meter tiefer auf einem 3500 Meter entfernten Gletscher.

Riesen-rolle rückwärts

http://y2u.be/N93aKejme5I

„Ich dachte nur: Meine Güte, wie lange war ich denn da in der Luft?", sagte Mountainbiker Cam Zink dem Sender ESPN nach seinem atemberaubenden 30-Me-ter-Rückwärtssalto 2014 in Kalifornien. „Es kam mir so vor, als würde ich eine Ewigkeit in den Himmel schauen." Bevor der Mountainbiker zum weltlängsten Rückwärts-salto einschließlich perfekter Landung abhob, hatte er sein Rad auf 74 km/h beschleunigt. Nach dieser Wahnsinnsleistung hofft Cam nun darauf, dass keiner seinen Rekord so schnell bricht. Wir werden sehen …

▼ BMX-Bomber

http://y2u.be/Z-OsL4eCgP0

Rekorde passieren nicht einfach mal so. Der Neuseeländer Jed Mildon hat nicht nur drei Monate lang intensiv für seinen historischen Dreifach-Rückwärtssalto auf dem BMX-Rad trai-niert, sondern baute auch eine 20-Meter-Rampe in einen Berghang hinein. Seinen Wunsch, als erster BMX-Fahrer drei Rückwärtsüberschläge zu wagen, hielt er so lange geheim, bis er es vor 2000 Zuschauern tatsächlich versuchte. Sprachlos sahen sie zu, wie er die lange Rampe herunterraste, absprang, durch die Luft wirbelte und Geschichte schrieb.

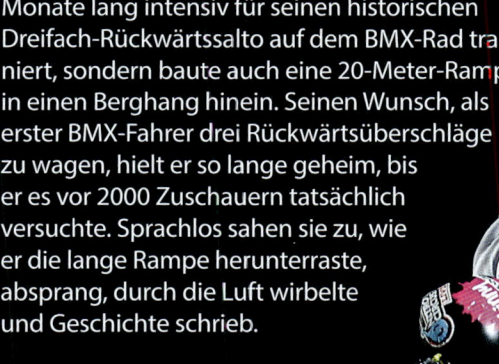

DREIFACHER RÜCKWÄRTS-SALTO

▼ Die auf dem Wasser tanzen

https://www.youtube.com/watch?v=y9mexETonKA

An einem wunderschönen Sonnentag im Juni 2015 stellten 58 Flyboarder im südfranzösischen Cavalaire-sur-Mer einen neuen Rekord auf, indem sie als bis dato größte Wasser-Jetpack-Flugformation antraten. Glaubt man den Zuschauern, war es der Hammer! Vor allem der US-amerikanische Flyboard-Champion Damone Rippy brachte die Menge zum Staunen, indem er seine spezielle Nummer namens „Eye of the Storm" vorführte – einen doppelten Rückwärtssalto mit dem Jetpack. Allein dafür lohnt es sich schon, das Video anzuschauen!

GRÖSSTE WASSER-JETPACK-FORMATION

SUPER-SPORTSTARS

Man muss kein echter Vollzeit-Profi sein, um einen Sportrekord aufzustellen. Ein ehemaliger Wissenschaftler der NASA, eine Cheerleaderin und 6000 Studenten haben es auch geschafft.

WELT-GRÖSSTES VÖLKERBALL SPIEL

Der Spring-King

http://y2u.be/_2y24qfzxGA

Es ist Seilhüpfen – aber nicht so, wie Sie es kennen. Der 15-jährige Cen Xiaolin brauchte keinen anfeuernden Singsang, als er bei der Internationalen Schulmeisterschaft im Seilspringen in Dubai auftrat. So schnell könnte eh keiner singen. Der Schüler aus der südchinesischen Provinz Guangdong schaffte sensationelle 110 Hüpfer in 30 Sekunden und 548 in drei Minuten. Das Video ist unglaublich: Es wirkt wie ein schneller Vorlauf und das Seil ist praktisch unsichtbar, doch Cens Hände und Füße bewegen sich wirklich so schnell!

▼ Uni-Wettkampf

http://y2u.be/ZdkU4oDcp40

Vergessen Sie Oxford und Cambridge oder Harvard und Yale! Die härteste Uni-Rivalität besteht zwischen der University of California in Irvine und der University of Alberta in Kanada. Seit 2010 wetteifern sie darum, wer das größte Völkerballspiel ausrichtet. Alberta legte mit 1198 Spielern vor, doch seitdem gewinnen mal die einen, mal die anderen. 2012 waren insgesamt 6084 Spieler am Start und der Titel ging nach Irvine. Aber wer weiß schon, was die Kanadier als Nächstes planen?

Sportliches Baby

http://y2u.be/wBsJcGpZvw0

Zyla kann weder laufen noch sprechen, fühlt sich auf Wasserskiern aber offenbar recht wohl. Das ist vielleicht nicht so überraschend, wenn man weiß, dass sie die Tochter von Barfuß-Wasserskimeister Keith St. Onge und Show-Wasserskimeisterin Lauren Lane St. Onge ist. Wirklich überraschend ist aber, dass Zyla erst sechs Monate alt ist. Als sie bemerkten, wie sehr sich die Kleine für ihre eigens für sie hergestellten „Baby-Ski" interessierte, waren ihre Eltern sicher, dass sie damit auch auf dem Wasser fahren konnte. Sie hatten Recht! Im Mai 2016 fuhr Zyla auf dem Lake Silver in Winter Haven in Florida.

Power-Akrobatin

http://y2u.be/H4WvgsSSwT0

Sie mögen noch nie von Angel Rice gehört haben, doch sobald „Power Tumbling" als olympische Disziplin anerkannt ist, wird das Mädchen weltberühmt sein. Schwung und Kraft führen bei dieser Akrobatik zu Drehungen und Überschlägen in schneller Folge. Im Nationalteam der USA ist Angel der unumstrittene Star. Zweimal hat die als „Königin der Flickflacks" bekannte 17-jährige die Weltmeisterschaft im Cheerleading gewonnen, doch so richtig bekannt geworden ist sie durch ihre Fernsehauftritte. In der „Today Show" brach sie den Eine-Minute-Weltrekord in Akrobatik.

▲ Rekord-Golfer

http://y2u.be/htmbMSRj1SQ

1976 hörte Dave Pelz bei der NASA auf, um sich ganz dem Golfspiel zu widmen. Hierbei wendete er wissenschaftliche Methoden an und wurde zu einem Experten für das „Short Game", also für Schläge im Umkreis von etwa 100 Metern vom Loch. Im Jahr 2004 zahlten sich seine Forschungen aus. Während der PGA Championship Week in Kohler im US-Bundesstaat Wisconsin schaffte er es, einen Golfball über eine Strecke von fast 63 Metern punktgenau ins Loch rollen zu lassen. Damit brach er der 30-Meter-Rekord von TV-Mann Terry Wogan, den dieser zuvor in Gleneagles aufgestellt hatte.

REKORD-STÜRMER

◀ Zlatan ist der Mann!

http://y2u.be/kH56IU1Yrn0

Wird der Vertrag, den Manchester United im Juli 2016 mit Zlatan Ibrahimovic abgeschlossen hat, zu einem Titelgewinn führen? Wenn einer es schaffen kann, dann Zlatan. Der schwedische Stürmer war bei all seinen vielen vorigen Klubs ein wahrer Rekordspieler. In vier Ländern (Italien, Spanien, Frankreich und den Niederlanden) hat er Meisterschaften gewonnen, außerdem hat er Liga-Titel mit mehr Klubs geholt als irgendwer sonst. Auch ist er der einzige Spieler, der bei der UEFA Champions League für sechs verschiedene Teams gepunktet hat. Und nicht zuletzt bleibt er zusammen mit Cristiano Ronaldo der Einzige, der in jeder Minute eines wichtigen Spiels ein Tor geschossen hat.

KRAFT PUR

Hier geht es nicht ums Hantelschwingen, wie Sie es vielleicht aus dem Fitnessstudio kennen. Diese Menschen ziehen, drehen und heben mit einer Kraft, die schier unmöglich scheint.

Goldene Hüften

http://y2u.be/jcqRPdvb18w

Paul Blair ist der „Hula-Hoop-Man". Dieser Name sagt schon alles, denn Paul ist ein echter „Hulaholic" – süchtig danach, Reifen um seine Hüften zu wirbeln. Zu seinen vielen Rekorden zählen die höchste Anzahl von Reifen aus dem Stand heraus (132), das Schwingen des größten Hula-Hoop-Reifens (13 Meter Durchmesser) und das Reifendrehen über die größte Distanz (1,6 Kilometer). In diesem Video kommt noch die pure Kraft hinzu, indem er einen 45 Kilo schweren Traktorreifen mehr als 10 Sekunden um seine Hüften schwingt.

Superschwergewicht

https://www.youtube.com/watch?v=3dJgsJ-DeA4

John Evans, der stärkste Balance-Künstler der Welt, ist ein Übermensch. Das ist eine wissenschaftliche Tatsache: 2013 untersuchten Wissenschaftler der Universität Derby den Körper des 68-jährigen und stellten fest, dass sein Skelett mit dem Alter stärker und nicht schwächer wird wie bei uns Normalsterblichen. Doch schon bevor seine Superkräfte entdeckt wurden, hatte Evans bereits einen Weltrekord aufgestellt: Am 24. Mai 1999 balancierte er einen Mini, also ein 160 Kilo schweres Auto, auf seinem Kopf!

SCHWERSTES AUTO AUF DEM KOPF

IHRE STÄRKE IST IHR HAAR

▼ Der Mann aus Stahl

http://y2u.be/k9rQAOp3xVQ

Amandeep Singh ist Indiens Mann aus Stahl – ein Typ mit unglaublichen Kräften, der offenbar keinen Schmerz kennt. Es fällt schwer, sich bei diesem Video nicht vor Schmerzen zu winden, wenn man sieht, wie er, um als stärkster Mann der Welt anerkannt zu werden, 20 anfahrende Motorräder durch Seile an seinen Armen festhält, wie er ein Auto über seinen Bauch und einen ganzen Lkw über seinen Hintern fahren lässt. Und wie er Schläge mit dem Vorschlaghammer auf seine empfindlichsten Körperteile erträgt.

Der Mega-Roller

http://y2u.be/4A8Iam4x47E

Was machen Muskelmänner, wenn sie alt werden? Sie brechen Rekorde! 2011 war Derek Boyer, 16-facher Landesmeister und unangefochtener King unter den australischen Kraftprotzen, am Ende seiner Karriere. Dennoch nahm er am berühmten Outback Festival im australischen Winton teil und stellte einen neuen Weltrekord auf, indem er ein Auto vor sich her rollte und es dabei zehnmal um die eigene Achse drehte. Das alles machte Boyer so viel Spaß, dass er 2013 seinen eigenen Rekord brach und die unglaubliche Aufgabe in zwei Minuten und 52 Sekunden wiederholte.

▼ Lass dein Haar herunter!

http://y2u.be/YoBFYQiOCHE

Anastasia IV. vom Circus of Horrors (bürgerlich Joanna Sawicka aus Wimbledon) ist stolz auf ihr Haar. Sie wäscht es fünfmal täglich und kämmt es stundenlang. Doch Anastasia ist nicht eitel – sie muss das tun, um ihre Rekordhaare in Topform zu halten. In ihrer Bühnenshow hängt sie die meiste Zeit an ihrem Haar wie an einem Seil. Doch sie hebt auch Gewichte mit ihrer Lockenpracht, hebt ganze Menschen oder zieht – wie in diesem Video – einen 2,5 Tonnen schweren Leichenwagen in weniger als vier Minuten 20 Meter weit.

▼ Eine Boeing an der Leine

http://y2u.be/tls-Jli6eQE

Jemanden wie Mark Kirsch hätte man beim Tauziehen gern in der Mannschaft. Sein Anspruch, der stärkste Mann aller Zeiten zu sein, scheint gerechtfertigt, wenn wir sehen, wie Mark eine Boeing 767 über das Rollfeld zieht. 90 Tonnen nur mit einem Seil und einem Gurt! In unter 40 Sekunden zog er das Metallmonster rund 30 Meter weit und stellte damit den Weltrekord für das schwerste von einem Menschen gezogene Flugzeug auf.

DER MANN, DER EINE BOEING ZOG

RÜCKWÄRTSREKORDE

Etwas rückwärts zu tun, ist unter Weltrekordlern sehr beliebt. Auf geschickte, gefährliche oder etwas seltsam aussehende Weise stellen sich unsere Helden ihren Aufgaben – ohne Furcht vor Nackenschmerzen.

◀ Mit dem Rücken zum Korb

http://y2u.be/o4fzSkAgNP4

Für einige Jahre hielt Thunder Law von den Harlem Globetrotters den Weltrekord für den längsten Basketballwurf aller Zeiten. Und auch wenn dieser Rekord zwischenzeitlich gebrochen wurde, kann er sich doch mit einer noch unglaublicheren Leistung trösten, nämlich dem längsten Rückwärtswurf! Mit nur einer Hand warf er den Ball 25 Meter weit über seine Schulter treffsicher in den Korb. Das war drei Meter weiter als der bisherige Rekord und ein perfekter Drei-Punkte-Wurf!

◤ So geht Einparken

http://youtu.be/VSp1olKp_f0

Versuchen Sie das mal mit einer engen Parklücke auf dem Supermarktparkplatz: Vor den Augen zahlreicher Zuschauer auf der Performance Car Show 2015 ließ der britische Stuntman Alastair Moffatt einen Fiat 500 in eine extrem enge Parklücke hineingleiten. Moffatt führte sein Handbremsenmanöver mit einem Standardauto mit Servolenkung und gut aufgepumpten Reifen durch. Da er es schaffte, das Auto in eine Parklücke zu setzen, die nur 7,5 cm länger war als der Wagen selbst, konnte er seinen Weltrekordtitel, den er zuvor an einen chinesischen Stuntman hatte abgeben müssen, wieder zurückgewinnen – denn er überbot seinen Rivalen um einen halben Zentimeter.

Rückwärts auf dem Rad

http://y2u.be/pl5MvRtI89g

Ursprünglich hatte der Australier Andrew Hellinga das Rückwärtsradeln einmal gelernt, um die Mädchen an seiner Schule zu beeindrucken. Doch dann setzte er sein Talent für einen guten Zweck ein: Im Rahmen einer 24-stündigen Wohltätigkeitsaktion fuhr er 337 Kilometer rückwärts. Auf dem Lenker sitzend brach er den bisherigen 24-Stunden-Rekord von 180 Kilometern in nur zehn Stunden und 15 Minuten. Nach einem kurzen Feier-Stopp machte er sich übrigens sofort daran, seinen eigenen Rekord mit einer Durchschnittsgeschwindigkeit von rund 14 km/h zu verdoppeln!

▼ Eine echte Rampensau

http://y2u.be/XUIiffRMfVQ

Wo suchen sich Skateboarder ihre Kicks, sobald sie aus Baggy Shorts und Ellenbogenschützern rausgewachsen sind? Profi-Skateboarder Rob Dyrdek stellte 21 unterschiedliche Skateboard-Rekorde auf, bevor er zum TV-Star wurde. In seiner Show „Rob & Big" brach er Rekorde im Donut-und-Bananen-Essen, aber ein ehemaliger Skater braucht einfach mehr: Auf dem Parkplatz eines Freizeitparks raste Dyrdek in einem Chevrolet Sonic rückwärts eine Rampe rauf, flog 27 Meter durch die Luft und landete sauber auf einer zweiten Rampe. Was für ein verrückter Kerl!

LÄNGSTER RÜCKWÄRTS-RAMPENFLUG DER WELT

▶ Rückwärts Bowlen

http://y2u.be/ex5iwpBHhdw

Seit es YouTube gibt, können überall auf der Welt Rekorde aufgestellt werden. Es müssen keine Beamten in Anzügen mehr kommen, um den Rekord offiziell festzustellen – ein gut gemachtes Video tut's auch. Zum Beispiel das von Andrew Cowen aus Illinois: Er wollte 300 Punkte beim Bowling schaffen – für den typischen Wochenend-Bowler ist dies praktisch unmöglich. Doch Andrew wollte auch noch mit dem Rücken zur Bowlingbahn spielen! Er schaffte letztlich 280 Punkte – und damit immerhin zwei mehr als nötig für den offiziellen Rekord.

EINFACH NUR EKLIG!

Wollen Sie sich mal so richtig ekeln? Hier kommen einige der fiesesten, übelsten und widerlichsten Clips auf YouTube. Und natürlich sind sie absolut faszinierend ...

Upps! Bäuerchen

http://y2u.be/gU3jBonhsrQ

„Ziel der in Genf ansässigen WBF ist es, dem Rülpsen den ihm gebührenden Platz in der westlichen Kultur zurückzugeben und es von dem Stigma zu befreien, das ihm seit einem Jahrtausend anhaftet." Mit diesen Worten, nur unterbrochen durch einige herzhafte Rülpser, eröffnete ein Sprecher der World Burping Federation die erste Weltmeisterschaft im Rülpsen in der Hudson Station Bar in New York. Dieses Video zeigt den Gewinner Tim Janus, der mit seinem 18,1 Sekunden langen Rülpser einen Weltrekord erzielte. Nun sucht Tim nach neuen Herausforderungen, wie Rülpsen nach Lautstärke oder gleichzeitiges Rülpsen und Sprechen.

CHAMPION IM MILCH- SPRITZEN

▶ Ein Spritzer Milch

http://y2u.be/H7EPl1N_aN4

Hier kommt der ultimative Milch-aus-dem-Auge-Spritzwettbewerb. Bitte auf keinen Fall nachmachen! Es tut weh und kann zu dauerhaften Schäden an den Augen führen. Außerdem ist es einfach nur abstoßend. Trotzdem: Schauen Sie sich diese beiden Helden an, die um die Wette spritzen. Der Trick ist offenbar, die Milch durch die Nase anzusaugen, den Mund zu schließen, die Nasenlöcher zu blockieren und in der Nase genug Druck aufzubauen, sodass die Milch nirgendwo anders als durch einen Augenkanal entweichen kann. Igitt!

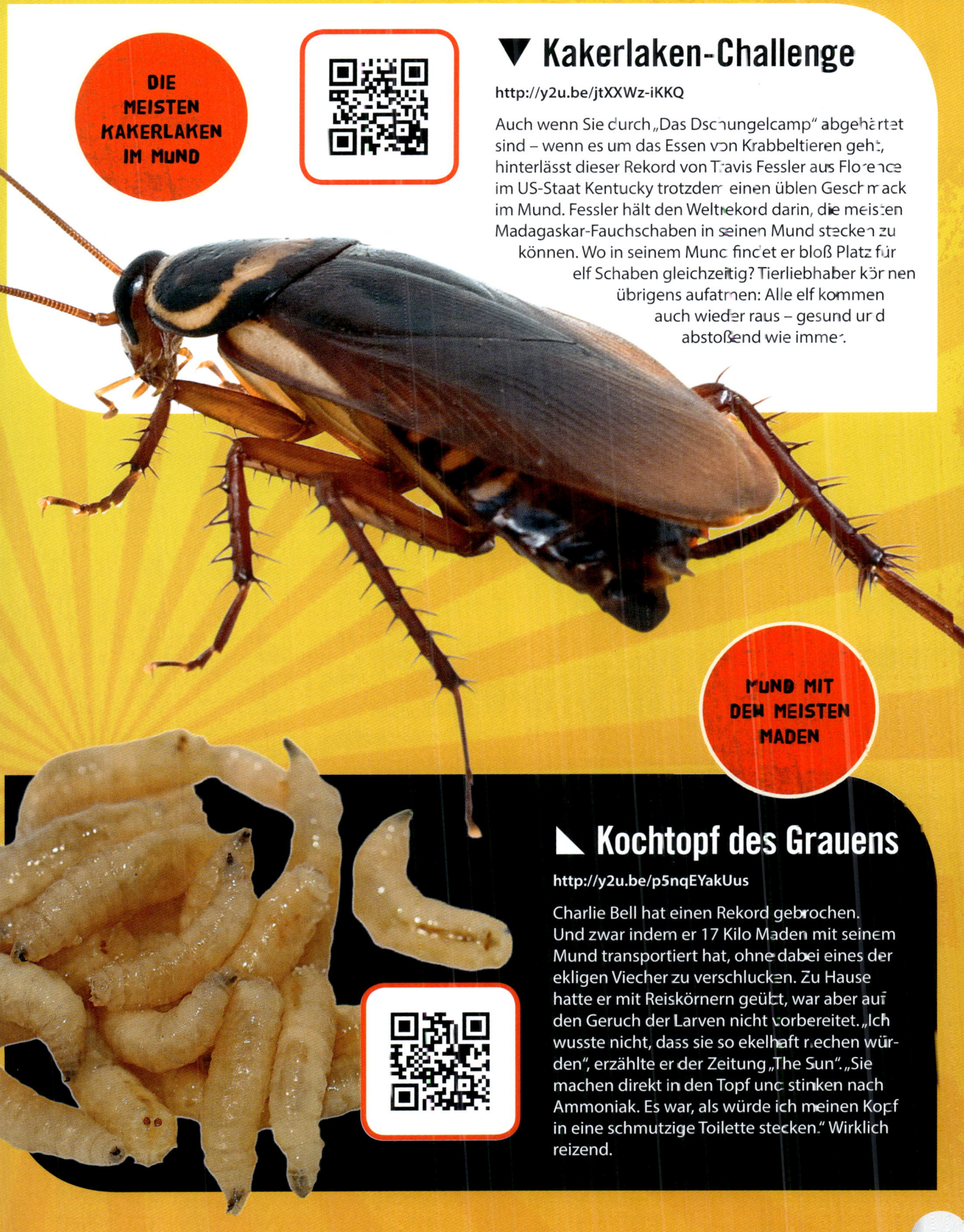

▼ Kakerlaken-Challenge

http://y2u.be/jtXXWz-iKKQ

Auch wenn Sie durch „Das Dschungelcamp" abgehärtet sind – wenn es um das Essen von Krabbeltieren geht, hinterlässt dieser Rekord von Travis Fessler aus Florence im US-Staat Kentucky trotzdem einen üblen Geschmack im Mund. Fessler hält den Weltrekord darin, die meisten Madagaskar-Fauchschaben in seinen Mund stecken zu können. Wo in seinem Mund findet er bloß Platz für elf Schaben gleichzeitig? Tierliebhaber können übrigens aufatmen: Alle elf kommen auch wieder raus – gesund und abstoßend wie immer.

DIE MEISTEN KAKERLAKEN IM MUND

MUND MIT DEN MEISTEN MADEN

◣ Kochtopf des Grauens

http://y2u.be/p5nqEYakUus

Charlie Bell hat einen Rekord gebrochen. Und zwar indem er 17 Kilo Maden mit seinem Mund transportiert hat, ohne dabei eines der ekligen Viecher zu verschlucken. Zu Hause hatte er mit Reiskörnern geübt, war aber auf den Geruch der Larven nicht vorbereitet. „Ich wusste nicht, dass sie so ekelhaft riechen würden", erzählte er der Zeitung „The Sun". „Sie machen direkt in den Topf und stinken nach Ammoniak. Es war, als würde ich meinen Kopf in eine schmutzige Toilette stecken." Wirklich reizend.

MEHRFACHREKORDHALTER

Für manche Menschen ist eine einzige Erwähnung im Rekordbuch nicht genug. Der Duft des Ruhmes lässt sie nach mehr streben.

Einer geht noch ...

http://y2u.be/oFA0JLWgVGY

Bevor Ashrita (s. u.) auftauchte, rühmte sich Paul Sahli stolz der „meisten Rekorde". Der Schweizer Jongleur war ein Meister der Fuß-Jonglage und beansprucht noch heute 64 Weltrekorde für sich. Anders als bei Ashrita variieren diese Rekorde nur in der Größe der Bälle, die der Schweizer auf seinen Füßen balanciert, so zum Beispiel einen Fußball 14 Stunden lang, einen drei Kilo schweren Medizinball eine Stunde und sechs Minuten lang und einen Tennisball während des Erklimmens von 50 Stufen einer Feuerleiter.

◀ König der Rekorde

http://y2u.be/Dj7U8xcnn_0

Ashrita hält den ultimativen Rekord – nämlich den für die meisten Rekorde! Der als Keith Furman in New York geborene Ashrita wurde durch seinen Guru dazu inspiriert, Leistungen zu vollbringen, bei denen es auf körperliche Ausdauer ankommt. Seit 1979 hat er mehr als 500 offizielle Rekorde aufgestellt und hält heute noch mehr als 200 – darunter den des schnellsten Laufes mit einer Milchflasche auf dem Kopf, den der längsten Hula-Hoop-Session unter Wasser und den der größten Laufstrecke mit einem Billardqueue, der auf einem Finger balanciert wird (14,4 Kilometer).

HALTER DER MEISTEN WELTREKORDE

◢ Mr. Olympic

http://y2u.be/OK0k6i2d_jk

„Dies alles fing an mit dem Traum eines Kindes, den Schwimmsport zu verändern und etwas zu versuchen, das noch nie zuvor jemand anderes getan hatte", sagt der US-Schwimmer Michael Phelps. Nun, diesen Punkt kann er von seiner To-do-Liste streichen. Das Gold in der 4 x 100-Meter-Lagenstaffel der Männer bei den Olympischen Spielen in Rio 2016 bedeutete die 28. Medaille für Michael Phelps (23 x Gold, 3 x Silber und 2 x Bronze). Damit hat er zehn Medaillen mehr als die am zweithäufigsten ausgezeichnete Olympionikin, die Turnerin Larissa Latynina. Obwohl er ankündigte, sich aus dem Profisport zurückzuziehen, rechnen doch viele damit, dass er noch einmal antritt.

ERFOLGREICHSTER POPMUSIKER

▲ Houston, wir haben einen Beatle

http://y2u.be/hpvE8kVGeZl

Früher war er einer der Beatles, noch heute ist Paul McCartney der erfolgreichste Musiker und Komponist der Popgeschichte. Er hält jede Menge Verkaufs- und Radiorekorde. hatte die meisten Nummer-eins-Hits aller Zeiten, komponierte den am häufigsten gecoverten Song („Yesterday" wurde von mehr als 4000 Interpreten gesungen), hatte das größte Publikum eines Solokonzerts (350 000 Menschen 1989 in Brasilien) – doch am besten ist vielleicht dies: Er war der erste Künstler, der live ins All ausgestrahlt wurde.

BRILLANTE BAUTEN

Daten und Dimensionen eines rekordverdächtigen Gebäudes sind interessant, aber ist es nicht viel interessanter dabei zuzusehen, wie es gebaut oder in Sekundenschnelle zerstört wird? Danke, YouTube!

Bis zur Spitze

http://y2u.be/a2p4BOGXSBw

Leiden Sie unter Höhenangst? Wenn ja, sollten Sie dieses Video besser überspringen. Denn hier nimmt uns ein Mann, der nur unter dem Namen „Urban Endeavors" bekannt ist, mit in 475 Meter Höhe bis zur Spitze des höchsten Fernsehturms der Welt im US-Staat North Dakota – das ist doppelt so hoch wie der Eiffelturm. Der TV-Tower selbst ist nichts Besonderes, aber der Weg nach oben ist nervenzerreißend, denn unser Guide klettert ohne Seil oder Gurt, nur mit Handschuhen und jeder Menge Mut! Und er nimmt noch nicht einmal den „leichteren Weg" über die Innenleiter, sondern klettert außen am Turm hoch.

▶ Verzaubertes Moskau

https://www.youtube.com/watch?v=FS17yy1rlsw

Im Oktober 2015 fand in Moskau das internationale Festival „Circle of Light" statt, bei dem unter anderem die weltgrößte Videoanimation auf die berühmte Fassade des russischen Verteidigungsministeriums projiziert wurde. Tausende kamen, um sich von der 19 100 Quadratmeter großen Animation mit ihren beeindruckenden Effekten verzaubern zu lassen. Damit alle den 50 Minuten langen Film in HD-Qualität gleich gut sehen konnten, waren 140 leistungsstarke Panasonic-Projektoren nötig. Doch schauen Sie einfach selbst ...

GRÖSSTE VIDEO-PROJEKTION

► Neigung zum Rekord

http://y2u.be/UEfeqgXPHPA

Jeder hat schon einmal vom Schiefen Turm von Pisa gehört, einige sogar vom Kirchturm von Suurhusen, der noch 1,22 Grad schiefer ist. Doch seit 2010 gibt es einen neuen König unter den schrägen Bauten, nämlich das Capital Gate in Abu Dhabi. Im Gegensatz zu den beiden Türmen wurde das Capital Gate bewusst schief entworfen. Obwohl es mit 35 Stockwerken eines der höchsten Gebäude der Stadt ist, neigt es sich stolze 18 Grad westwärts – und damit mehr als viermal mehr als der Schiefe Turm von Pisa.

▼ In Schutt und Asche

http://y2u.be/oiftDBtCFt8

Das Kingdom Stadium in Seattle war erst 24 Jahre alt, als es im März 2000 in Millionen kleine Stücke zerfiel. In seiner Anfangszeit war es als futuristisches Wunder gepriesen worden, doch schon längst galt es als das hässlichste Stadion von Amerika. Also wurden 6000 Löcher in die 100 000 Tonnen schweren Mauern gebohrt und mit Dynamit gefüllt. Die Sprengung geschah auf Knopfdruck, dabei brannten die Zündschnüre mit einem Tempo von 7315 Meter pro Sekunde ab. Innerhalb von nur 20 Sekunden wurde das ehemalige Wahrzeichen der Stadt durch die schnellste Sprengung aller Zeiten dem Erdboden gleichgemacht.

Turbo-Baustelle

http://y2u.be/Ps0DSihggio

In diesem Video machen bestimmt keine Bauarbeiter Mittagspause und rufen Vorbeigehenden etwas zu. Alle sind viel zu beschäftigt, dass am schnellsten errichtete Gebäude der Welt fertigzustellen. In diesem Zeitraffervideo werden Sie Zeuge, wie am Dongting-See in der chinesischen Provinz Hunan das 30 Stockwerke hohe Ark-Hotel innerhalb von nur 15 Tagen entsteht. Anders gesagt: in 360 Stunden! Und von Pfusch am Bau kann keine Rede sein. Das gesamte Hotel ist schallisoliert, wärmegedämmt und sogar erdbebensicher.

SCHNELLSTE SPRENGUNG DER GESCHICHTE

▼ Aus höchsten Höhen

http://y2u.be/iD4qsWnjsNU

Der Wolkenkratzer Burj Khalifa in Dubai ist das höchste von Menschen geschaffene Bauwerk der Welt. Kein Wunder also, dass es als Lieblingsziel rekordsüchtiger Base-Jumper gilt. Zwei Jumper stellten 2008 einen Weltrekord auf, indem sie ohne Erlaubnis aus dem 160. Stock sprangen. Doch der „offizielle" Sprung in diesem Clip stellt ihren in den Schatten: Fred Fugen und Vince Reffet springen von einer Plattform, die an der Turmspitze angebracht ist – also in 828 Metern Höhe. Und sie tun es sechsmal, damit das Video auch wirklich eindrucksvoll wird!

HÖCHSTES
GEBÄUDE
DER WELT

SUPERSCHNELLE REKORDE

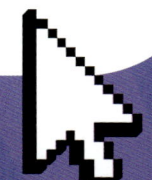

Die besten Rekorde sind immer die, von denen wir denken, wir könnten sie auch schaffen: Na dann – schauen Sie diesen Leuten zu und überlegen Sie, ob Sie mit ihnen mithalten können.

Ausziehen, aber schnell!

http://y2u.be/ksymwAItE0M

Dieser Clip ist vor allem eines: witzig. Wer hätte gedacht, dass man sich in weniger als einer Sekunde ausziehen kann? Der Typ, der das kann, heißt Herachonpe, ein japanischer Schauspieler und Comedian. Sein Auftritt in einer Fernsehshow findet sich in vielen YouTube-Compilations, denn seine Art des Ausziehens ist wirklich einzigartig. Sie ist ganz sicher rekordverdächtig, aber in jedem Fall wird sie Ihnen ein Lächeln entlocken.

Eier in der Balance

http://y2u.be/bDFZok9uzdk

Versuchen Sie mal, ein Ei aufzustellen, sodass es im Gleichgewicht bleibt. Gar nicht so einfach, denn es ist nun mal nicht dafür gemacht. Die meisten Menschen brauchen hierzu etwa fünf Minuten. Im Jahr 2003 brach Bryan Spotts den Rekord der meisten gleichzeitig aufgestellten Eier – mit 1290 Eiern! Doch das reichte ihm nicht: Also erfand er die Rekordkategorie der schnellsten Zeit, um ein Dutzend Eier in die Balance zu bringen. Als dieser Rekord gebrochen wurde, wollte er ihn sich unbedingt zurückholen.

▼ Applaus!

http://y2u.be/ORp2nzwHXN0

Seine Hände wirken wie die Flügel eines Kolibris, doch wenn Bryan Bednarek in einer Minute 804-mal in die Hände klatscht, hört man doch jeden einzelnen Schlag. Es sieht aus wie bei einer Zen-Meditation, wenn Bryan sich auf einen Rhythmus von 13 Schlägen pro Minute eingroovt. Seine Handflächen müssen deutlich hörbar aufeinandertreffen, damit jeder Klatscher laut genug ist, um auf einem Monitor registriert zu werden. Also: Applaus!

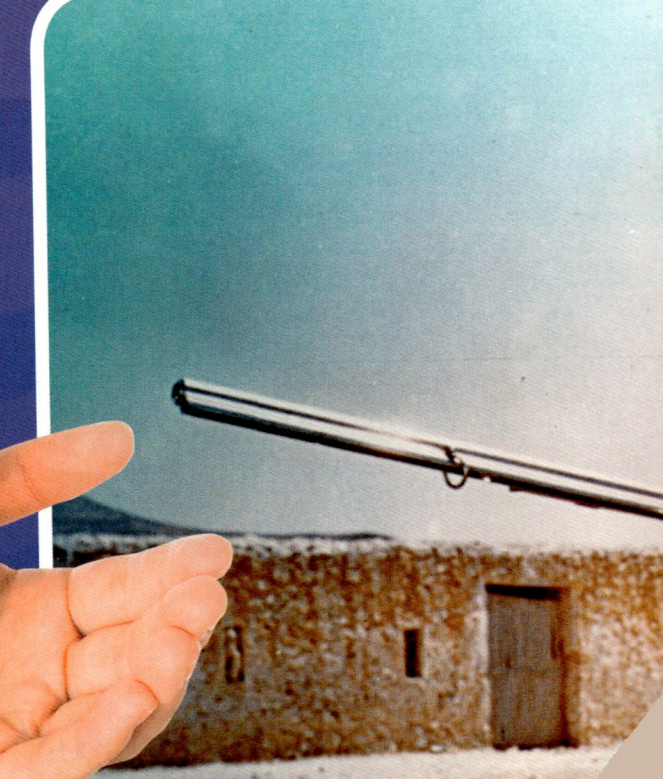

REKORD IM HÄNDE-KLATSCHEN

▶ Schnllstr Schreibr dr Wlt

http://y2u.be/87GSLXM4lko

Den Rekord im SMS-Schreiben hält natürlich ein Teenager. Doch der 17-jährige Brasilianer Marcel Fernandes Filho ist kein Schlaffi – er ist einfach nur ein besonders fingerfertiger Physikstudent. Wollen Sie es mal versuchen? In perfekter Rechtschreibung und Interpunktion textete er: „The razor-toothed piranhas of the genera Serrasalmus and Pygocentrus are the most ferocious freshwater fish in the world. In reality they seldom attack a human." Und das alles in nur 18,19 Sekunden!

▼ Schnellster am Abzug

http://y2u.be/iS9uGktUCrY

Bob Munden, nach eigenem Bekunden schnellster Mann mit dem Colt aller Zeiten, nahm 2012 an einem Schießwettbewerb teil. Dort entstand die Legende vom Revolverheld, dessen Rekorde niemand brechen kann. Okay, das mag ein etwas aufgeblasener Mythos sein, aber Munden war auf jeden Fall schnell: Er brauchte nur einige Hundertstelsekunden, um seine Waffe zu ziehen. Im Laufe seines Lebens hat Munden Rekorde aufgestellt – unter anderem für das schnelle Ziehen und Abdrücken einer Pistole, aber auch für seine Präzision beim Schnellfeuern.

Frisbee-König

http://y2u.be/TO2RQj-L7gg

Simon Lizotte aus Bremen war ein echtes Wunderkind an der Scheibe und beherrschte die deutsche Frisbee-Szene über Jahre. Der Europameister von 2012 ist vor allem für seine Wurfkraft bekannt. Mit 263 Metern – das entspricht zweieinhalb Fußballfeldern – hält er den Rekord des weitesten Frisbee-Wurfes. Doch da geht noch mehr: In diesem Clip gelingt ihm der schnellste Wurf aller Zeiten – mit Tempo 144 km/h.

SCHNELLSTER REVOLVER-HELD

HÖREN UND SEHEN

Die ungewöhnlichsten Menschen leben in der Welt der Rekorde. Egal ob man sie nun als komisch oder verrückt bezeichnet – sie selbst nennen sich einfach nur „Rekordbrecher".

DIE MEISTEN SELFIES

◀ ## Selfie mit Rock

https://www.youtube.com/watch?v=A8p_AQQ-t38

Wrestler, Schauspieler, Superstar und ein Brocken von einem Mann: In seinen Filmen dreht Dwayne „The Rock" Johnson seine Stunts am liebsten selbst. Doch er hat noch eine andere Leidenschaft: Selfies, und zwar möglichst viele. Bei der Weltpremiere seines Filmes „San Andreas" am Londoner Leicester Square am 21. Mai 2015 machte er 105 Selfies mit wartenden Fans innerhalb von nur drei Minuten – das ist Weltrekord. Aber rockt man damit auch die Welt?

▶ Diesen Schrei schon mal gehört?

http://y2u.be/cdbYsoEasio

Im Western „Der brennende Pfeil" von 1963 wird Soldat Wilhelm von einer Lanze durchbohrt. Sein Wehklagen wird durch einen Schmerzensschrei verstärkt, der ursprünglich für einen 1951 gedrehten Gary-Cooper-Film aufgenommen worden war. Der sogenannte „Wilhelm-Schrei" wurde in den folgenden Jahrzehnten immer wieder benutzt und gilt heute als der häufigste Soundeffekt der Filmgeschichte. Er taucht in Low-Budget-Produktionen ebenso auf wie in Multi-Millionen-Dollar-Blockbustern wie „Star Wars" oder „Toy Story".

007 01

https://www.youtube.com/watch?v=Vd5uELqHyg4

Seit dem ersten James-Bond-Film „Dr. No" aus dem Jahr 1962 gibt es auch die Titelsongs zu den 007-Movies – vom gewagten „Live And Let Die" von Paul McCartney (1973) bis zu Adeles ergreifendem „Skyfall" (2012). Aber keiner dieser 24 Bond-Songs war jemals ein Nummer-eins-Hit in Großbritannien. Erst Sam Smith hat es mit „Writing's On The Wall", einer anrührenden Ballade über Liebe und Reue, geschafft: Der Song aus dem Film „Spectre" von 2015 landete im Oktober desselben Jahres in den britischen Charts gleich auf Platz eins.

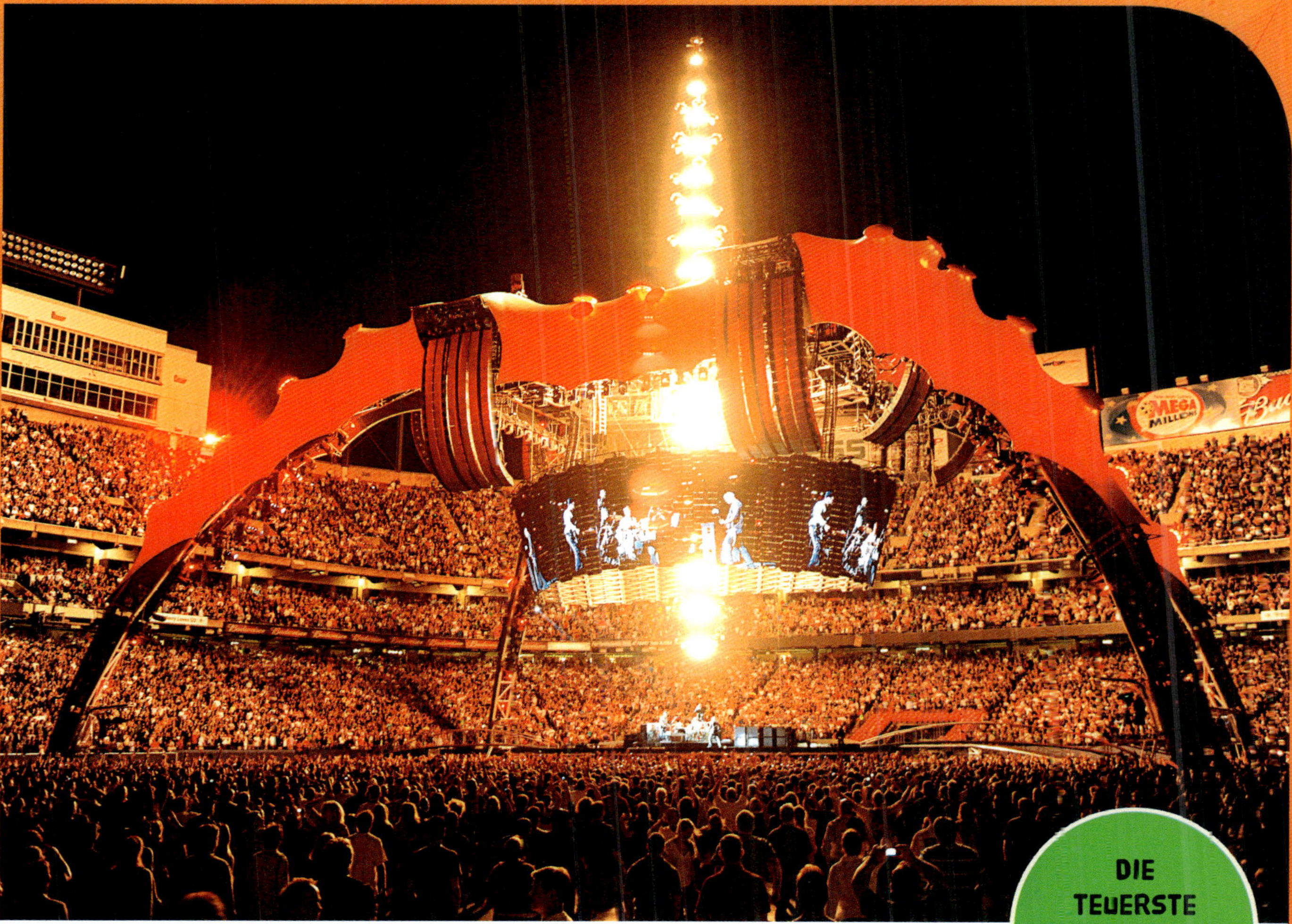

DIE TEUERSTE BÜHNENSHOW ALLER ZEITEN

▲ Bühne frei für U2

http://y2u.be/V1U-T_m3kMU

Die irische Rockband U2 liebt Rekorde – und nicht nur musikalische. Ihre 360°-Tour von 2009/2010 war nicht nur die erfolgreichste Tournee der Geschichte, sondern konnte auch mit der größten Bühne und dem lautesten Soundsystem aufwarten. Mit anderen Worten: Es war auch die teuerste Bühnenshow aller Zeiten. An jedem der 110 Abende spielten Bono und seine Band unter einer Art Spinne – einer 200 Tonnen schweren Konstruktion, die auch als „Die Kralle" berühmt wurde. Hinzu kam eine Videowand aus einer Million Teilen, die von 300 Menschen zusammengesetzt werden musste. Dieses faszinierende Zeitraffer-Video zeigt, wie die Super-Size-Bühne auf- und wieder abgebaut wird.

VERRÜCKTE VIECHER

In der Wildnis gibt es keinen fairen Kampf. Da wird gekratzt, gebissen, gestochen und getreten. Und diese Tiere gehören dabei zu den Besten.

Böser Vogel

https://www.youtube.com/watch?v=IAj0GG6tf5c

Der Kasuar stammt aus den Regenwäldern Nordaustraliens und Neuguineas, trägt einen knochigen Kamm auf seinem Kopf und verfügt über messerscharfe Krallen. Er wird bis zu 1,80 Meter groß und wiegt rund 60 Kilo. Er kann bis zu 50 km/h schnell laufen und mit beiden Beinen zugleich treten. Kasuare haben schon Hunde aufgeschlitzt, Pferde abgeschlachtet sowie Menschen verkrüppelt oder sogar getötet. Der Kasuar ist mit Abstand der gefährlichste aller Vögel …

Stich mit dem Schwanz

https://www.YouTube.com/watch?v=xb-0999E6qE

Begrüßen Sie den *Androctonus australis* – aber kommen Sie ihm nicht zu nah. Die Übersetzung aus dem Altgriechischen lautet „Menschentöter des Südens" und tatsächlich ist dieses dickschwänzige Exemplar der tödlichste Skorpion der Welt. Er lebt in den Wüsten Afrikas und des Nahen Ostens und durch sein Gift sterben jedes Jahr einige Menschen. Die tödlichen Tiere sind nicht groß, nur etwa zehn Zentimeter, doch sie verstecken sich gern unter den Ziegeln oder in den Fugen und Rissen von Häusern. Passen Sie also gut auf Ihre Finger auf!

▶ Der teilt kräftig aus!

http://y2u.be/ti2Uoc1RXuQ

Der Fangschreckenkrebs ist ein fantastisches Wesen. Der krabbengroße Krebs hat große Stielaugen, schillert in 1000 Farben – und kann so fest zuschlagen wie kein anderes Tier. Ihre als „Daumenzerschmetterer" bekannten Fangarme sind stark genug, um menschliche Gliedmaßen zu zertrümmern. Dieser Krebs hat eine größere Schlagkraft als eine Pistole vom Kaliber 22. Wenn man ihn reizt, durchschlägt er sogar das Glas eines Aquariums. Sehen Sie in diesem Zeitlupenvideo, wie ein solcher Champion einen rechten Haken verpasst!

DIESER KREBS SCHLÄGT ZU

▶ Kiefer aus Eisen

http://y2u.be/akbpHX0Wbvw

Ein menschlicher Biss übt einen Druck von rund 120 psi (pounds per square inch) aus. Das reicht, um einen Apfel oder ein Bonbon zu zerbeißen. Löwen und Haie haben fünfmal so starke Kiefer – genug um rohes Fleisch zu zerstückeln oder ein Loch in ein Boot zu reißen. Aber den stärksten Kiefer der Welt hat das Nilkrokodil. Diese Biester können mit 2500 psi zuschnappen und erreichen auch schon mal 6000 psi – viel mehr also als der schlimmste Hai!

▼ Hochgiftig und absolut tödlich!

http://y2u.be/UETfZLsWWAM

Der Inlandtaipan ist die giftigste Schlange der Welt. Sie lebt in den trockenen Regionen Australiens und ernährt sich von kleinen Säugetieren, denn ihr Gift tötet sie auf besonders wirksame Weise. Diese Schlange ist extrem schnell und beweglich. Sie kann sehr zielgenau zubeißen und injiziert dabei fast immer ihr Gift. Ein Tropfen davon kann rund 100 erwachsene Männer in nur 30–45 Minuten töten, wenn keine Behandlung erfolgt.

GIFTIGSTE SCHLANGE DER WELT

IRRE ESSENSREKORDE

Lebensmittel sind nicht nur zum Essen da: Man verwendet sie in der Kunst, zum Basteln, in der Freizeit – und um Rekorde aufzustellen. Hier einige Beispiele …

▼ Kürbis-Koloss

http://y2u.be/8eQljtg3tAA

Auf diesen Moment hat die Kürbiswelt gewartet: Der erste Kürbis, der fast eine Tonne wiegt, brachte dem Farmer Ron Wallace ein Preisgeld von 10 000 Dollar ein! Das historische Ereignis fand 2012 beim All New England Giant Pumpkin Weigh-Off statt. Der Riesenkürbis von Ron Wallace musste mit einem Gabelstapler auf die Waage gehoben werden. Mit 911 Kilo ließ er den Vortagesrekord um 75 Kilo hinter sich und gilt nunmehr als die größte Frucht aller Zeiten.

Völlig irre, ernsthaft!

https://www.YouTube.com/watch?v=L4Y6VVdk2XY

Wenn Ihnen der Viertelpfünder in Ihrem Burger-Restaurant nicht ausreicht, versuchen Sie es mal bei Mallie's Sports Grill & Bar in Detroit. Dort macht man nämlich Werbung mit dem „Absolutely Ridiculous Burger", der den Rekord für den größten im Handel erhältlichen Hamburger hält. Wenn man drei Tage im Voraus bestellt und 2000 Dollar übrig hat, bekommt man einen Burger, der 75 Kilo wiegt. Seine Zubereitung dauert 22 Stunden, und er enthält sieben Kilo Salat, 14 Kilo Schinken, die gleiche Menge Tomaten und 16 Kilo Käse. Serviert wird das Ganze auf einem 23 Kilo schweren „Brötchen".

DER UNGLAUBLICHE EIN-TONNEN-KÜRBIS

GRÖSSTES MOSAIK DER WELT

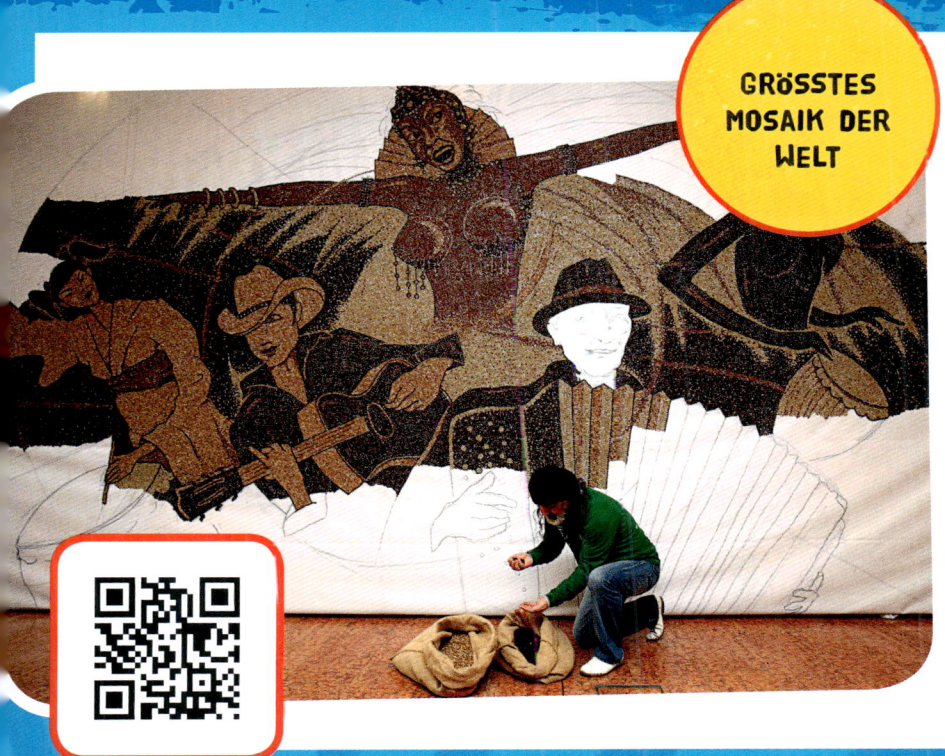

◀ Kaffee-Kunst

http://y2u.be/Kng_LuXl6HI

Zu den früheren Arbeiten des albanischen Mosaikkünstlers Saimir Strati gehören ein Porträt von Leonardo da Vinci aus Nägeln, ein galoppierendes Pferd aus Zahnstochern und Michael Jackson aus Pinseln. Doch für das größte Mosaik der Welt verwendete er eine Million Kaffeebohnen. Strati sagt, er wolle in seinem neuesten Bild eine brasilianische Tänzerin, eine japanische Trommlerin, einen amerikanischen Countrysänger, einen europäischen Akkordeonspieler und einen afrikanischen Trommler zeigen, um die Botschaft zu verbreiten: „Eine Welt und eine Familie – bei einer Tasse Kaffee"

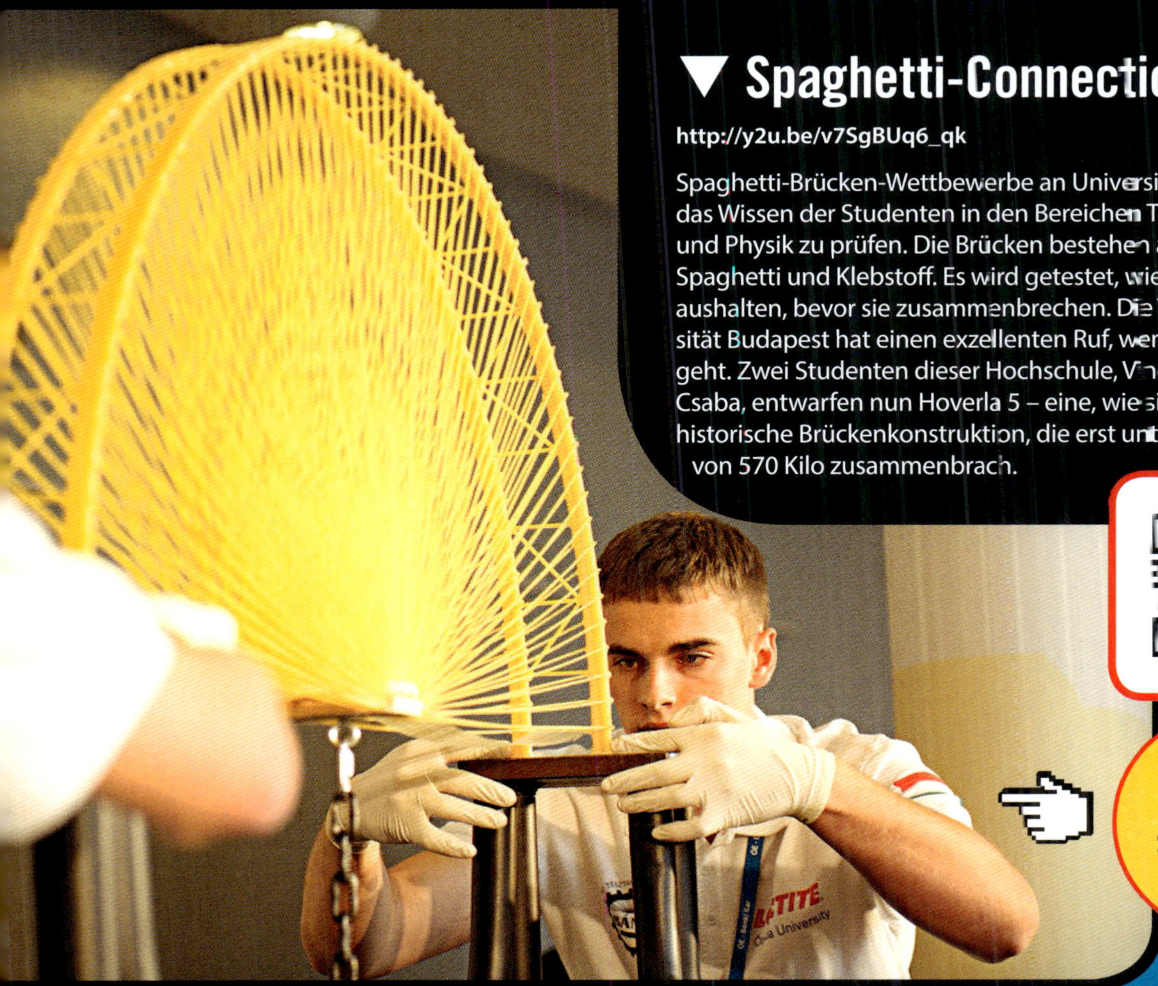

▼ Spaghetti-Connection

http://y2u.be/v7SgBUq6_qk

Spaghetti-Brücken-Wettbewerbe an Universitäten dienen dazu, das Wissen der Studenten in den Bereichen Technik, Design und Physik zu prüfen. Die Brücken bestehen ausschließlich aus Spaghetti und Klebstoff. Es wird getestet, wie viel Gewicht sie aushalten, bevor sie zusammenbrechen. Die Technische Universität Budapest hat einen exzellenten Ruf, wenn es um Rekorde geht. Zwei Studenten dieser Hochschule, Vincze Miklós und Járó Csaba, entwarfen nun Hoverla 5 – eine, wie sich herausstellte, historische Brückenkonstruktion, die erst unter einem Gewicht von 570 Kilo zusammenbrach.

REKORD-SPAGHETTI

SUPERSTARKE REKORDE

Wie verzweifelt kann man darüber sein, dass der eigene Name noch nicht im Buch der Rekorde steht? Diese Menschen kennen offenbar keinen Schmerz und gehen bis ans äußerste Limit.

Auf dem Nagelbrett

http://y2u.be/W13JvvsKiJM

Der Extrem-Stunt-Performer „Space Cowboy" (in Wirklichkeit Chayne Hultgren) bezeichnet sich selbst als „Australiens erfolgreichsten Rekord-brecher" – und das aus gutem Grund: Er hält über 40 Rekorde. Unter anderem hat er 411 Kilo Gewicht, das mit Angelhaken in seinen Augen-höhlen befestigt war, über die weiteste Strecke gezogen, mit verbundenen Augen den schnellsten Pfeil gefangen und war der Beste beim Kettensä-gen-Jonglieren auf dem Einrad. 2012 zeigte der Cowboy seine Fähigkeiten in der TV-Show „Aust-ralia's Got Talent": Er lag auf einem Brett mit 20 cm langen, spitzen Nägeln und ließ sich innerhalb von zwei Minuten von 20 Motorrädern überfahren.

REKORD-VERDÄCHTIGE BRÜSTE

◀ Brutale Brüste

http://y2u.be/cTuNCuDNH4g

Die Amerikanerin Susan Sykes, besser bekannt unter ihrem Bühnennamen Busty Heart („Busen-herz"), hat einen ungewöhnlichen Beruf: Mit ihren XXXL-Brüsten kann sie Gegenstände zerquetschen, denn sie hat ganz offiziell die stärksten Brüste der Welt. In nur einer Minute kann sie mit ihrer Brust 34 Dosen zerdrücken. Hier zeigt sie ihr Talent in der Sendung „Greece Has Talent" und crasht als Zugabe noch einen Baseballschläger. In Deutschland hat sie es beim „Supertalent" übrigens bis ins Halbfinale geschafft, während sie in der US-Version ein einstimmiges Nein erhielt.

▶ Der Nasen-Champion

http://y2u.be/6LGiq717r9Q

Der 23-jährige Georgier Jemal Tkeschelaschwili kann Wärmflaschen aufblasen und zum Platzen bringen – und zwar mit seiner Nase! Zum Aufblasen einer Gummiwärmflasche braucht man zehnmal mehr Luftdruck als für einen Ballon, also benötigt Jemal hierfür ein großes Lungenvolumen und die Fähigkeit, die Luft mit schier unfassbarer Kraft durch seine Nasenlöcher auszustoßen. In diesem Clip aus dem Jahr 2009 bringt er in 23 Sekunden drei Wärmflaschen zum Platzen, darunter eine, auf der ein kräftiger Erwachsener sitzt.

DER MANN MIT DER REKORDNASE

Melonenmädchen

http://y2u.be/TN59gYxa2to

Zugegeben – das Zerquetschen von Obst zwischen den Schenkeln wird Fußball als beliebtesten Fernsehsport so schnell nicht ablösen, aber der Auftritt von Olga Liaschuk in der britischen TV-Show war schon ein Ding. Auf einer Matte im Studio sitzend, zerquetschte Olga vor den ungläubigen Augen der Moderatoren Phillip Schofield und Holly Willoughby in nur 14 Sekunden drei Wassermelonen zwischen ihren Schenkeln. Zwar ist die Ukrainerin Olga auch Meisterin im Gewichtheben, aber wer will das schon sehen, wenn Melonen explodieren?

▼ Game of Thor

http://y2u.be/MdcnUdzab7E

„Ich wäre verrückt, wenn ich vor ihm keine Angst hätte. Er ist riesengroß und bärenstark, und er ist viel schneller als du es von einem so großen Mann glauben würdest." Sagt Bronn in der beliebten Fernsehserie „Game of Thrones" über die Figur, die der beeindruckende Weltrekordler Hafthor Julius Björnsson verkörpert. „The Mountain", wie der zwei Meter große und 184 Kilo schwere Gigant in der Serie heißt, trägt auch den Spitznamen Thor, wenn er in Wettbewerben um den Titel des stärksten Mannes der Welt antritt. Und damit kommen wir zu seinem Rekord: Er kann ein 15 Kilo schweres Fass sieben Meter hoch werfen.

Bissige Tischmanieren

http://y2u.be/MC6tgknKPQE

Auch in der Strongman-Szene gibt es immer wieder Rekorde, die ein wenig bizarr wirken. Nehmen wir zum Beispiel Georges Christen, in Luxemburg ein Nationalheld. In über 30 Jahren hat er sich als Weltrekordler einen Namen gemacht: Er zog Lastwagen, Busse und Schiffe, ja er setzte sogar ein Riesenrad in Bewegung – und das alles mit seinen Zähnen! In diesem Video wird es noch ein bisschen spezieller: Eine Frau sitzt auf einem Tisch und wird von Georges – jawohl! – mit seinen Zähnen gehalten. Sie scheint bereitwillig mitzumachen, aber achten Sie mal auf ihren Gesichtsausdruck.

ALLERLEI HELDENTATEN

Diese Auswahl zeigt, wie unterschiedlich Weltrekordler sein können. Einige verlassen sich auf ihre körperliche Kraft, andere auf ihr Know-how, und wieder andere sammeln einfach nur verrücktes Zeug!

◀ Viel Platz hinten

http://y2u.be/6qRzC95YpSE

Colin Furze schraubte an einem 125 ccm-Roller herum. Der geniale Tüftler montierte ein selbstgebautes Aluminiumgestell an das Gefährt, das dadurch 25 zusätzliche Sitze erhielt und auf eine Gesamtlänge von 22 Metern kam – fast so lang wie ein Tennisplatz. Um einen Rekord aufzustellen, musste er den Roller 100 Meter weit fahren, doch tatsächlich fuhr er sogar über 1,5 Kilometer weit. „Als ich mich zum ersten Mal draufsetzte, dachte ich, das würde nie funktionieren", erzählt Colin. Doch auf dem Flugplatz von Saltby im englischen Grantham kam er dann auf beeindruckende 56 km/h.

WERT- VOLLSTE HAAR- SAMMLUNG

▶ Haarige Schätze

http://youtu.be/NvILbEoUu0c

John Reznikoffs wertvollster Besitz ist ein Rahmen, in dem sich ein paar dunkle Haarsträhnen befinden. Sie wurden Abraham Lincoln auf dem Totenbett abgeschnitten und sind geschätzte 500 000 Dollar wert. Reznikoff besitzt die größte Sammlung von Celebrity-Haar weltweit. Bei ihm finden sich Locken von König Karl I. von England, von Neil Armstrong, dem ersten Mann auf dem Mond, von Marilyn Monroe – und sogar versengte Locken von Michael Jackson. Wenn Reinkarnationen wie in „Jurassic Park" möglich wären, könnte sich John auf interessante Dinner-Partys freuen!

▼ Mikro-Automobil

http://youtu.be/6GBwWodOls0

In diesem Clip geht es um den britischen Erfinder Perry Watkins und seinen Versuch, das kleinste für den Straßenverkehr zugelassene Auto der Welt zu bauen. Hierfür benutzte er die Karosserie eines Spielzeugautos und das Fahrgestell sowie den Motor eines Quads. Das saukomisch aussehende Vehikel ist 104 cm hoch, 66 cm breit, 132 cm lang – und 60 km/h schnell! Da Watkins so gerade eben auf den Fahrersitz passt, konnte er den Wagen gleich ausprobieren – trotz des Gelächters der anderen Autofahrer.

DAS KLEINSTE AUTO DER WELT

Ausdauersportler

http://youtu.be/LzciOAhto78

Der Unterarmstütz ist eine beliebte Übung bei Fitness-Junkies. Mit angespannten Muskeln liegen sie in der Horizontalen, nur auf Unterarme und Zehen gestützt. Manche schaffen es, diese Position eine oder zwei Minuten zu halten. Damit kommen wir zu dem Chinesen Mao Weidong. 2014 blieb der Polizist, der Mitglied eines SWAT-Teams zur Bekämpfung des organisierten Verbrechens ist, vier Stunden und 26 Minuten in dieser Position – und damit über eine Stunde länger als der frühere Rekordhalter. Er hörte erst auf, als der 26. April anbrach, der Geburtstag seiner Frau. Ein tougher Kerl! Und romantisch noch dazu …

LÄNGSTER UNTERARM-STÜTZ

Tiefensänger

http://y2u.be/AaPtiFO-NLc

Für seinen Rekord sinkt Tim Storms tief hinab. Doch er ist kein Taucher, sondern Sänger. Und er hält den Rekord des tiefsten jemals von einem Menschen erreichten Tones. Aufgrund seiner übergroßen Stimmbänder kann Tim Töne anschlagen, die so tief sind, dass nur große Tiere wie Elefanten sie hören können. Er hat bereits ein sieberfach gestrichenes G erreicht, was 0,189 Hz entspricht. Dieser Ton ist acht Oktaven tiefer als das tiefste G auf dem Klavier. Hieraus folgt ein weiterer Rekord, nämlich der des größten Stimmumfangs. Bei Tim sind es ganze zwölf Oktaven.

ANDERS ALS ANDERE

Rekordbrecher stellen alles infrage. Gut dass sie auch nie aufhören, sich in Gefahr zu begeben, seltsame Instrumente zu spielen oder einen riesigen Zug aus Schokolade zu bauen.

Kuscheldecke

https://www.youtube.com/watch?v=qK7RYDGj_xk

WELTGRÖSSTE HÄKELDECKE

Im Februar 2016 fertigten Mother India's Crochet Queens („Mutter Indiens Häkel-Queens") im süd-indischen Chennai die größte Häkeldecke der Welt an. Und wie groß ist die? Riesig! Sie misst 11 148,5 Quadrat-meter und bedeckt somit locker ein ganzes Fußballfeld. Um die mollige Decke herzustellen, waren 1000 Mitwirkende aus 14 Ländern sowie zig Arbeitsstunden nötig. Es wurden 100 x 100 cm große Teilstücke gehäkelt, die am Ende zu einer kuschligen Decke zusammengenäht wurden. Nachdem der Rekord offiziell war, wurde die Decke wieder zerlegt und die Teilstücke an verschiedene Wohltätigkeitsorganisationen verschenkt.

Schoko-Eisenbahn

http://y2u.be/Fd2pW0SjWLY

Das Highlight der Brüsseler Schokoladenwoche 2012 war eine Kreation des Malteser Meister-Chocola-tiers Andrew Farrugia. Der von ihm hergestellte größte Schokoladenzug der Welt war 34 Meter lang und bestand aus 1285 Kilo Schokolade. Er hatte eine Lokomotive und sieben Waggons, darunter einen mit einer Bar und einem Restaurant. Für die einzelnen Wagen standen belgische Eisenbahnwaggons aus verschiedenen Epochen Modell. Und der Zug war selbst für den schlimmsten Schokoholic gehaltvoll genug: Er enthielt über sechs Millionen Kalorien!

REKORD-SCHOKOLADEN-SKULPTUR

◀ Geometrischer Fisch

http://y2u.be/C7XY-HvNWas

Im Sommer 2016 waren Sushi-Mosaiken der letzte Schrei auf Instagram. Hunderte von Bildern zeigten Sushi-Vierecke aus raffinierten und farbenfrohen Mustern. Sushis sind etwas typisch Japanisches. Sie sind exquisit, delikat, akkurat, und das größte Sushi-Mosaik der Welt entstand von daher natürlich in – Norwegen! Und zwar wurde es vom Besitzer einer schwedischen Sushi-Bar entworfen. Das im Aspmyra-Stadion im norwegischen Bodø zusammengesetzte Mosaik maß unglaubliche 56,5 Quadratmeter. Zu den Zutaten gehörten 800 Kilo Lachs, 400 Kilo Reis, 200 Liter Reisessig, 480 Kilo Gurken und 10 Kilo Schnittlauch.

WELT-GRÖSSTES SUSHI-MOSAIK

▶ Ein Bogen oder zwei …

http://youtu.be/mPni3__sWus

Vielleicht hat einfach niemand den ukrainischen Musiker Oleksandr Bozhyk darüber aufgeklärt, dass der Titel „Konzert für vier Violinen" nicht bedeutet, dass alle vier von derselben Person gespielt werden müssen. Bei einem Live-Konzert im ukrainischen Lwiw im Jahr 2012 nahm der Virtuose jedenfalls zwei Bögen und vier Violinen zur Hand und spielte – wie passend! – den Soundtrack zum Film „Requiem for a Dream". Und das waren dann natürlich die meisten Geigen, die jemals gleichzeitig von einer Person gespielt wurden.

DIE MEISTEN VIOLINEN AUF EINMAL

COOLE KATZENREKORDE

Auf YouTube findet man jede Menge Katzen. Aber nicht viele von ihnen schaffen es in die Rekordbücher. Hier einige Miezen, die auf dem besten Wege sind …

LAUTESTES SCHNURREN DER WELT

Keiner schnurrt lauter

https://www.youtube.com/watch?v=tFUIVRLXD68

Wir alle schauen uns gern die super-süßen Katzenvideos im Netz an, doch dieses Rekordkätzchen ist wahrscheinlich das süßeste von allen. Merlin, ein Findelkater aus dem englischen Torquay, ist hörbar stolz und aufgeregt, nachdem er zur am lautesten schnurrenden Katze der Welt erklärt wurde. Am 2. April 2015 erreichte er ohrenbetäubende 67,8 Dezibel und damit die Lautstärke einer belebten Straße! Wenn es ums Schnurren geht, ist Merlin also wirklich ein Zauberer!

Springwunder

http://y2u.be/66pMRSlgle0

Streunerkatze Alley wurde adoptiert, nachdem man sie abgemagert und nervös in einer Seitenstraße entdeckt hatte. In Samantha Martin aus Chicago fand sie eine neue Mutter und auch gleich eine Aufgabe, denn Samantha ist Trainerin im Katzenzirkus Acro Cats (schauen sie sich bei Gelegenheit deren YouTube-Videos an – echt witzig!). Schnell zeigte sich, dass Alley eine Vorliebe für die Podeste hatte, zwischen denen die Zirkuskatzen hin- und herspringen. Als Samantha damit begann, auch Alley zu trainieren, erwies sich diese als ein echtes Sprungtalent: Sie sprang fast zwei Meter weit. Wer hätte gedacht, dass aus dem Straßenkätzchen einmal eine Rekordkönigin werden würde?

▶ Asiens Mini-Tiger

http://y2u.be/1vdVRuqQUb4

Singapura-Katzen sind anhänglich wie eine Klette, denn sie sind am liebsten immer in der Nähe „ihrer" Menschen. Sie gelten ganz offiziell als die kleinste Katzenrasse der Welt. Ausgewachsene Männchen wiegen etwa drei Kilo, während es Weibchen nur auf knapp zwei Kilo bringen – das ist etwa so viel wie fünf Dosen Katzenfutter. Manche behaupten, sie hätten ursprünglich in den Abflussrohren in Singapur gelebt, in Wahrheit stellen sie aber eine Kreuzung aus Burma- und Abessinierkatze dar.

KLEINSTE KATZEN DER WELT

▶ Kalorien-Kater

http://youtu.be/7dVn7KNP0co

Garfield gehört zu den berühmten Cartoon-Katzen, zusammen mit Tom und Sylvester. Hier kommt der echte Garfield. Wie sein gezeichneter Namensvetter ist auch er verfressen und faul. Nachdem sein Besitzer gestorben war, kam Garfield in ein Tierheim auf Long Island. Seine Fettleibigkeit schockierte die Pfleger: Garfield brachte 18 Kilo auf die Waage, während Katzen normalerweise nur etwa 4,5 Kilo wiegen. Immerhin hat er so das „Vergnügen", die dickste Katze der Welt zu sein.

DICKSTE KATZE DER WELT

◢ Riesen-Großkatze

http://youtu.be/xBznm54nVMM

Es gibt Katzen, es gibt Großkatzen, und es gibt Liger. Liger haben einen Löwen als Vater und eine Tigerin als Mutter. Diese sehr großen Raubkatzen kommen in der Wildnis nicht vor und werden nur in Gefangenschaft gezeugt. Der im Myrtle Beach Safari Reservat in South Carolina lebende Hercules ist der größte von allen: Er ist 1,82 Meter hoch, 3,65 Meter lang und wiegt über 400 Kilo – so viel wie seine Eltern zusammen. Er mag gewaltig aussehen, aber seine Wärter sagen, er sei ein wahres Schmusekätzchen.

GRÖSSTER LIGER DER WELT

MEGA-MASSENREKORDE

Wer behauptet, drei Leute seien ein Menschenauflauf, hat von Rekorden keine Ahnung. Man benötigt eine perfekte Organisation, verrückte Kostüme und Tausende von Menschen …

▼ Geisterstunde

http://yt.vu/dqQCj7WKNgk

„Ghostbusters dieser Welt, macht euch bereit!", lautete der Aufruf von Paul Feig, Regisseur des 2016-Remakes des übernatürlichen Horror-Comedy-Klassikers von 1984. Und die Fans ließen sich nicht lange bitten: 263 verkleideten sich als das berühmte „No-Ghost"-Logo aus dem Film und versammelten sich am Marina Bay Sands in Singapur, um die nur mit Frauen besetzte Neuauflage des Klassikers zu feiern. Melissa McCarthy, der Star des Filmes, war ebenfalls anwesend – und bester Laune, als die versammelte Menge den Rekord der „größten Ansammlung als Geister verkleideter Menschen" erhielt.

Zumba-Mania

https://www.youtube.com/watch?v=pe3WHt-PVKk

Zumba ist momentan die heißeste, schweißtreibendste Sportart, die man sich vorstellen kann. Und sie wird weltweit immer beliebter. Durch die Kombination aus Tanz und Aerobic, aus Hip-Hop, Soca, Samba, Salsa, Merengue und Mambo sorgt Zumba dafür, dass Sie cool aussehen, während Ihnen heiß wird. Am 19. Juli 2015 nahmen exakt 12 975 Menschen in der philippinischen Stadt Mandaluyong an der größten Zumba-Stunde der Welt teil und fingen auf der Straße an zu tanzen. Auf diese Weise verbanden sie Weltrekord und Workout!

WELT-GRÖSSTES GEISTER-TREFFEN

Heißer Schneespaß

http://yt.vu/l2vdLCLkUHQ

Wer an Sibirien denkt, dem fällt Strandkleidung sicher nicht als Erstes ein. Eine Region, die für ihre eiskalten Winter bekannt ist, in denen das Thermometer bis auf -40 °C fallen kann, scheint erst einmal nicht unbedingt geeignet zu sein für den Rekord der größten Menge Abfahrtsläufer im Schwimm-Outfit. Aber von wegen! Immerhin schien die Sonne, als im April 2015 1835 Skifahrer und Snowboarder ihre Bikinis und Badehosen anzogen und, ohne sich um Unterkühlung und Frostbeulen zu sorgen, die Pisten im Skiort Scheregesch am Berg Zelyonaya stürmten.

▶ Volle Beflaggung

http://y2u.be/ENetD1cWSsE

Indiens Rivalität mit Pakistan ist legendär, doch im Dezember 2014 wurde der Einsatz nochmals erhöht: Denn Indien stahl seinem Nachbarn den Weltrekord für die größte menschliche Flagge. Über 50 000 Freiwillige versammelten sich ab fünf Uhr morgens auf dem Gelände des YMCA in Chennai, um die dreifarbige Flagge zu bilden. Pakistans Rekord hatte bei 29 000 Teilnehmern gelegen. Wahrscheinlich sind die Vorbereitungen zum Rückgewinn schon angelaufen!

▼ Thailands Elfen

http://y2u.be/lu8dsjoW5-o

Fast 2000 Elfen zwischen neun und 15 Jahren mit rot-grün-weißen Hüten, passenden T-Shirts und spitzen Elfenohren aus Plastik versammelten sich vor einer Shoppingmall in Bangkok. Sie mussten zehn Minuten ruhig dastehen und durften ihre Hüte und Elfenohren in der Zeit nicht absetzen. Einige schafften das nicht oder wurden disqualifiziert, weil sie gar keine Elfenohren trugen, doch 1792 korrekt gekleidete und still ausharrende Elfen waren genug für einen neuen Rekord.

REKORD-ANZAHL VON ELFEN

HUNDEREKORDE

Bei diesen Rekorden kämpft Hund gegen Hund. Sie werden sie lieben, die kleinen Köter, wenn sie eifrig ihre Vorzüge und Talente zeigen.

HÄSS-LICHSTER HUND DER WELT

◄ Fieser Möpp

http://youtu.be/7AkYSGllKTk

Der zweijährige Peanut, wahrscheinlich eine Mischung aus Shi Tzu und Chihuahua, ist keine große Schönheit. Als Welpe erlitt er ernsthafte Verbrennungen. Später lebte er neun Monate in einem Tierheim, bevor er ein neues Zuhause fand. Er hat ein verfilztes Fell und vorstehende Zähne und erinnert ein bisschen an ein Nagetier. Trotzdem wurde Peanut 2014 in Kalifornien berühmt. In einem harten Wettbewerb schlug er andere fiese Köter aus dem Feld und wurde zum hässlichsten Hund der Welt gekrönt.

Platzen vor Freude

http://yt.vu/j00meODyF-g

Gäbe es eine Hunde-Olympiade, dann wäre Luftballons-zum-Platzen-Bringen neben Eichhörnchen-Jagen und Spielzeug-Verstecken auf jeden Fall eine wichtige Disziplin. Denn einen ganzen Raum voller Ballons mit Pfoten, Krallen und Zähnen leerzuräumen, erfordert Sportsgeist, Talent und Begeisterung – und macht unglaublich viel Spaß! In diesem Clip zeigt der derzeitige Rekordhalter wie es geht. Terrierdame Twinkie aus Kalifornien, deren Mutter Anastacia den Titel bis 2015 sieben Jahre lang innehatte, stellt sich der Herausforderung und erledigt 100 Ballons in 39 Sekunden.

BESTER HUND AUF DEM BOARD

Hunde-Torhüter

http://yt.vu/y55tYGOuqfl

Wie alle guten Keeper steht Purin aufrecht und hält die Pfoten in die Höhe. Jawohl – die Pfoten! Denn Purin aus dem japanischen Chiba hält den Weltrekord für die meisten Bälle, die ein Hund in einer Minute mit seinen Pfoten gefangen hat. Auch für Purin gilt: Übung macht den Meister, und so feilt sie jeden Tag zusammen mit ihrem Besitzer Makoto 15 Minuten an ihrer Fangtechnik. Doch die haarige junge Dame kann noch mehr: Sie hält auch den Rekord für den Hund, der am schnellsten zehn Meter auf einem Ball zurückgelegt hat.

▲ Hund auf Rädern

https://www.youtube.com/watch?v=EVnzXA9b7Ww

Am 8. November 2015 wurde Bulldogge Otto aus Lima in Peru über Nacht zu einer Internet-Sensation … und zu einem Weltrekordler! Denn er war der Hund, der auf dem Skateboard durch den längsten von Menschen gebildeten Tunnel fuhr. Und er ließ es so einfach aussehen! Auf dem Skateboard unter den Hinterteilen von 30 Menschen hindurch, ohne Berührung und ohne Hilfe? Offenbar kein Problem: Otto steuerte locker durch all die vielen Beine hindurch und glitt sanft in die Rekordbücher. Übrigens: Dieses Video wurde schon über drei Millionen Mal angeklickt!

KLEINSTER HUND DER WELT

▲ Eine Handvoll Hund

http://youtu.be/fTEldAyYkac

Wie viele Artgenossen auch, darf Heaven Sent Brandy, die Chihuahua-Hündin aus Florida, nicht auf die Möbel. Sie würde sich beim Herunterspringen aber auch die Beine brechen, denn sie misst von der Nase bis zum Schwanz nur 15 Zentimeter! Damit ist die bezaubernde Vierjährige nicht größer als eine Cola-Dose und gilt als der kleinste Hund der Welt. Sie ist eine nervöse kleine Kreatur, aber wer wollte ihr das verübeln? Schließlich möchten all diese riesigen Menschen sie ständig knuddeln …

ECHTE LEIDENSCHAFT

Manche Rekorde erfordern Jahre der Vorbereitung, Hunderte Stunden Übung, ein sorgfältiges Arrangement oder echtes Organisationstalent. Andere passieren einfach zufällig.

▶ Block für Block

https://www.youtube.com/watch?v=ZgrsJcuDCD0

Millionen Gamer jeden Alters spielen es: Minecraft ist ein globales Phänomen. Die „Welt in der Welt", in der man alles Erdenkliche bauen und erschaffen kann, hat jede Menge Experten hervorgebracht, die auf YouTube ihre wertvollen Tipps an Spielerkollegen weitergeben. Einer dieser Profis, der 33-jährige Kurt J. Mac aus Phoenix in Arizona, hat im September 2015 den Weltrekord über die längste Minecraft Journey aufgestellt. Das bedeutet, er hat in vier Jahren 2 097 152 Blöcke (2100 Kilometer) zurückgelegt. Manche schätzen, Kurt wird weitere 20 Jahre brauchen, um sein endgültiges Ziel, die sagenhaften Far Lands, zu erreichen. Doch er hält an seiner Vision fest: „Notch, der Erfinder von Minecraft, hat behauptet, es sei unmöglich, die Far Lands zu erreichen", sagt der Online-Abenteurer. „Ich nehme das als Herausforderung!"

LÄNGSTE
MINECRAFT
JOURNEY

▼ Heavy-Metal-Mahlzeit

http://yt.vu/5UrG-hY8kUc

Der Franzose Michel Lotito ernährte sich auf die seltsamste nur mögliche Weise und hat sich seinen Spitznamen „Monsieur Mangetout" dadurch erworben, dass er sich einige wirklich merkwürdige Dinge hat schmecken lassen. Als Kind litt Lotito unter dem Pica-Syndrom – einer Zwangsstörung, bei der die Betroffenen ungenießbare Dinge zu sich nehmen. Doch er machte aus seinem Leiden eine Kunst und aß fortan Betten, Fernseher, Fahrräder und Einkaufswagen. Seine größte Herausforderung war ein Flugzeug – eine Cessna 150, die er innerhalb von zwei Jahren verspeiste. Lotito starb 2007 einen natürlichen Tod, nachdem er im Laufe seines Lebens fast neun Tonnen Metall zu sich genommen hatte.

▶ Es ist nie zu spät

http://yt.vu/iD7D8BY2d1c

Man ist nie zu alt, um mit Sport anzufangen. Das kann man von Charles Eugster lernen, dem Rekordmeister im 200-Meter-Indcor-Lauf – und zwar in der Altersklasse 95+. Der ehemalige Zahnarzt wurde 1919 in London geboren, und nachdem er mit 63 mit Rudern und mit 87 mit Bodybuilding angefangen hatte, war Laufen für ihn der ganz natürliche nächste Schritt – obwohl er 95 Jahre alt werden musste, um sich dafür zu interessieren. Nach eigenen Angaben war er in seiner Jugend beim Laufen ein „hoffnungsloser Fall", doch nach einer kurzen Trainingsphase ließ er die Elite in seiner Altersklasse bald hinter sich.
Übrigens: Seine Bestzeit liegt bei 55,48 Sekunden.

GRÖSSTE ANSAMMLUNG VON „WALTERS"

▲ Wo ist Walter?

http://y2u.be/Chnui_Jqxb8

In dem Bestseller „Wo ist Walter?" (im englischen Original „Where's Wally?") müssen die Leser die gleichnamige Figur finden. Sie trägt T-Shirt und Hut in Rot-Weiß sowie eine schwarz gerändete Brille. In diesem Clip hat man keine Schwierigkeiten Walter zu finden. Über 3500 Erwachsene, Kinder und sogar Hunde im Walter-Outfit versammelten sich auf dem Merrion Square in Dublin und stellten einen neuen Rekord auf – für die größte Anzahl Menschen, die als berühmte Kinderbuchfigur verkleidet sind.

Flinker Fiedler

http://yt.vu/PA_1o58Ch4U

Weltrekordler Ben Lee ist kein Neuling an der Violine. Er war ein Wunderkind, studierte an der London School of Music, spielte mit den Arctic Monkeys, McFly und anderen und gründete schließlich das erfolgreiche Rock-Violinen-Duo Fuse. Im Sommer 2009 verletzte er sich bei einem Fahrradunfall die Hand. Um seine Genesung voranzutreiben, forderte ihn sein Bandkollege heraus, den Rekord als schnellster Geiger der Welt zu brechen. Tatsächlich brach Lee den Rekord dann fünfmal – auf akustischer und auf E-Violine.

UNGLAUBLICHE ATHLETEN

Jeder Sport hat seine Rekordhalter. Diese Stars aus weniger beachteten Sportarten wie Lacrosse, Tischtennis, Eislaufen und CrossFit können mit ein paar richtig guten Leistungen punkten.

U-Boot-Schwimmen

https://www.youtube.com/watch?v=Vox9KOxC1ZA

Der Weltrekord in 50 Meter Rückenschwimmen liegt bei 24,04 Sekunden. Doch der Amerikaner Hill Taylor kann von sich behaupten eine ganze Sekunde schneller zu sein. Die Zeit des als „Delfin-Mann" bekannten Texaners wurde ignoriert, da er die ganze Strecke schwamm ohne einen Zug zu machen. Die anderen Schwimmer tauchen (wie in den Regeln vorgeschrieben) nach 15 Metern aus dem Wasser auf. Dass er das Feld hinter sich lässt, liegt an einer Kombination aus einer einzigartigen stromlinienförmigen Körperhaltung und erstaunlich kräftigen Delfin-Stößen.

▼ Hin … und her … hin …

http://y2u.be/p9XkigqHIBg

Mima Ita war ein japanisches Tennis-Wunderkind. Mit nur zehn Jahren gewann sie als Jüngste die japanischen Tischtennismeisterschaften der Erwachsenen. In diesem Clip ist sie elf und schlägt den Ball mit der Präzision eines Metronoms 180 Mal übers Netz – und stellt damit den Rekord der meisten Tischtennis-Abwehrschläge aller Zeiten auf. Heute ist Ita ein Teenager und widmet sich weiter ihrer erfolgreichen Tischtenniskarriere.

JÜNGSTE TISCH-TENNIS-MEISTERIN

▶ Glückstreffer

http://y2u.be/_Zi_uCcfA8s

Wenn ein Torwart ein Tor schießt, ist das einer der goldenen Momente des Fußballs. Als der Ball direkt nach dem Anpfiff dem Keeper des englischen Vereins Stoke City Asmir Begovic zugepasst wird, hat dieser eigentlich nicht vor, der kleinen Gruppe der Tore schießenden Torhüter beizutreten. Doch beim Schuss übers Feld wird der Ball vom Wind erfasst und fliegt nach nur 13 Sekunden Spielzeit direkt ins Tor von Southampton. Es ist das sechstschnellste Tor in der Geschichte der Premier League, aber vor allem ist dies mit fast 92 Metern der längste Torschuss in der Geschichte des Wettbewerbsfußballs weltweit.

▼ Spring, wenn du kannst

http://y2u.be/kPZvtIDLjpl

Dies ist ein inoffizieller Rekord, doch es gibt keinen Grund an ihm zu zweifeln – und er ist wirklich etwas Besonderes. Der Held in diesem Clip heißt Kevin Bania und ist ein CrossFit-Athlet. CrossFit vereint Gewichtheben, Sprinten, Eigengewicht- und Turnübungen. Aus dem Stand heraus springt er auf eine 1,63 Meter hohe Plattform. Bania selbst ist 1,78 Meter groß. Er springt also fast so hoch wie er selbst groß ist!

HÖCHSTER SPRUNG AUS DEM STAND

WILDE SPORTARTEN

Angst vor dem Drei-Meter-Brett im Schwimmbad? Ihnen wird schwindlig im höchsten Stockwerk eines Parkhauses? Dann schauen Sie einmal ein paar Menschen zu, die keine Angst kennen …

▼ Neues Ballspiel

http://y2u.be/NehU-6NCBco

Zorbing heißt der Sport, bei dem man in einer Plastikkugel, wie sie sonst nur gelangweilte Hamster haben, einen Berg hinabrollt. Die Sportler werden dabei durch die Luftpolster zwischen ihnen und der Außenhaut der Kugel geschützt. Sie können die Kugel vorwärtsbewegen, haben aber wenig Einfluss auf die Richtung, die sie einschlägt. Der Spanier Miguel Ferrero, bekannt als „Der Abenteurer", ließ sich in einem Zorb-Ball eine Skipiste im Pyrenäenort La Molina herunterrollen – und erreichte die Rekordgeschwindigkeit von 50,2 km/h.

REKORD IM ZORBING

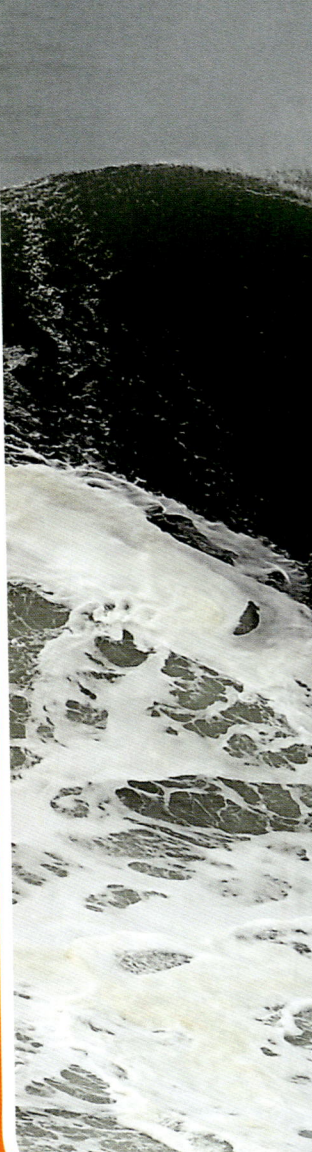

◄ Extrem-Schwimmen

http://y2u.be/IJY8VgmvXHc

Diane Nyad ist die erste Person, die die 160 Kilometer von Kuba nach Florida ohne Haischutzkäfig schwamm. Sie kämpfte sich durch raue See und die Angst vor Haien, ihr wurde schlecht vom Salzwasser und sie trug einen schweren Anzug, um sich vor Quallenstichen zu schützen. Und sie schaffte es – bei ihrem fünften Versuch in 35 Jahren und dem vierten seit sie 60 geworden ist.

Spuren im Schnee

http://yt.vu/f0mTTmOuvUQ

Lange wartete der Franzose Edmond Plawczyk darauf, seinen Geschwindigkeitsrekord im Snowboardfahren wiederzuerlangen. 1997 hatte er einen Weltrekord aufgestellt, doch der wurde 1999 gebrochen. Im April 2015 kam der Tag der Rache: Am höchsten Punkt der berühmten Chabrières-Piste im französischen Teil der Alpen zog Edmond seinen roten Anzug an und setzte einen aerodynamischen Helm auf. Dann flog er die 1400 Meter lange Strecke hinunter, die an einer Stelle ein Gefälle von 98 Prozent aufweist. Mit einem neuen Rekordtempo von 203,275 km/h konnte er seinen Ehrgeiz schließlich befriedigen. Cool.

▼ Perfekte Welle

http://y2u.be/dtVQJCq2cCM

Surflegende Garrett McNamara erwischte eine 30 Meter hohe Welle vor der Küste von Nazaré in Portugal. Zwar riskierte er, in ein Riff oder auf den Meeresboden geschleudert zu werden, doch er brach seinen eigenen Rekord um 30 Zentimeter. Den hatte er auch vor Nazaré aufgestellt, wo in einem Unterwasser-Canyon einige der größten Wellen der Welt entstehen. „Es geht alles so schnell", sagte McNamara im Fernsehsender ABC. „Du zitterst nur, während du diesen wirklich holprigen Berg herunterfliegst. Dein Gehirn wird durchgeschüttelt, und dein ganzer Körper wird durchgeschüttelt."

GRÖSSTE SURFWELLE ALLER ZEITEN

ECHT UNGLAUBLICH!

Die Welt ist voller Rekorde und auf YouTube findet man sie alle. Hier eine Auswahl weiterer unglaublicher Leistungen und Ereignisse ...

Octomum

http://youtu.be/04g4HPdQWZU

Nadya Suleman hat sich die Bezeichnung „Octomum" (Achtfachmutti) patentieren lassen. Und das ist nur einer von vielen Versuchen, Geld für ihre Familie aufzutreiben. Sie hat 14 Kinder, darunter die acht, die am selben Tag geboren wurden – das ist die größte Zahl bei einer einzigen Geburt zur Welt gebrachter Babys, die überlebt haben! Seit sie im Januar 2009 die Achtlinge geboren hat, ist Nadya praktisch ständig in den Medien präsent. Sie wurde für ihre Fruchtbarkeitsbehandlung kritisiert ebenso wie für ihren Wunsch nach Sozialhilfe. Aber sie kümmert sich nach wie vor um ihre Kinder.

▼ Outdoor-Kunst

http://youtu.be/RwtWZd-sbMc

Im Juni 2014 hat der weltberühmte chinesische Künstler Yang Yongchun ein ganz besonderes Kunstwerk enthüllt. Es heißt „Rhythms of Youth" und zeigt die eindrucksvolle Architektur in Nanjing und am Fluss Jangtse, der durch diese Stadt fließt. Es ist nicht nur das größte (2600 Quadratmeter) und längste (365 Meter) Straßenbild, sondern es ist auch ein anamorphes Gemälde, es wurde also verzerrt gemalt, sodass es dreidimensional wirkt.

LÄNGSTES STRASSEN-GEMÄLDE

▶ Erleuchte uns

https://www.youtube.com/watch?v=tt0o7cuKY4E

Wenn Ihnen nach Festtagsfreude zumute ist, fahren Sie doch mal nach Canberra in Australien! Besuchen Sie David Richards – vor Ort bekannt als der „Weihnachtsbaum-Mann" – und staunen Sie über seine Lichterfantasie in Technicolor. Sie umfasst die meisten Weihnachtslichter auf einem künstlichen Baum. Richard verbrachte Stunden damit, die exakt 518 838 Lämpchen in Position zu bringen.Er krönte seinen Baum sogar mit einem 1,5 Meter großen Stern, der allein schon aus 12 000 Glühbirnen besteht!

DIE MEISTEN WEIHNACHTS-BAUMLICHTER

Himmelskunst

https://www.youtube.com/watch?v=fXFqYri5ZY4

Zu einem guten Feuerwerk gehört ein krönender Abschluss. Das Himmelsspektakel beim Fest der heiligen Katharina in Zurrieq auf Malta bildete da wahrhaftig keine Ausnahme. Die Menschenmenge, die sich zu einem der beliebtesten Feste des Inselstaats versammelt hatte, wurde Zeuge des größten Feuerwerks der Welt! Zum Schluss explodiert eine Rakete namens „Ballun tal- Blalen" (frei übersetzt: Ball aller Bälle) in einer drei Meter breiten und 260 Kilo schweren Schale. Dadurch wurde eine Kettenreaktion ausgelöst, durch die der gesamte Himmel plötzlich mit Chrysanthemen aus Licht bedeckt war – und dieser kurze Moment war einfach magisch!

▼ Unterwasserfarben

http://y2u.be/OZwAbQ8iv_A

Jesper Kikkenborg ist ein dänischer Meeresbiologe und Künstler. Als er in Kopenhagen im Aquarium „Den Blå Planet" (Der Blaue Planet) ein Bild malen durfte, hatte er die Gelegenheit, seine beiden Leidenschaften zu verbinden. Denn dies wurde kein normales Gemälde: Kikkenborg trug eine Taucherausrüstung und malte sein Bild inmitten des vier Millionen Liter fassenden Ozeantanks. Er nannte es „Mutter Ozean". Er benötigte 23 Stunden, verteilt auf neun Tage, um es zu vollenden. Das Gemälde misst 4,5 Quadratmeter und ist damit das größte Unterwasserbild der Welt.

GRÖSSTER LEGOTURM ALLER ZEITEN

▼ Zauberwürfel-Turm

http://y2u.be/KuQkUmz9fmY

Heutzutage mag es Filmhelden aus Legosteinen geben, doch viele Jahre lang ging es bei Lego nur ums Bauen. Und Gott sei Dank gibt es Menschen, die noch richtige Kunstwerke aus Lego zustande bringen. Im Schatten der St.-Stephans-Basilika in Budapest errichteten Kinder, Anwohner und dänische Ingenieure den höchsten Legoturm aller Zeiten. Er ist 34,76 Meter hoch, besteht aus 450 000 bunten Steinen. Die Spitze bildet passenderweise einer der berühmten Zauberwürfel des ungarischen Architekturprofessors Ernő Rubik.

SOLCHE UND SOLCHE

Ist es nicht eine wunderbare Welt der Rekorde, in der eine Twerking-Queen und einer der originellsten Fußballer aller Zeiten sich eine Doppelseite teilen können?

▼ Popowackler

http://youtu.be/otZmEyIDGsY

Nachdem Miley Cyrus 2013 bei den MTV Video Music Awards erfolgreich getwerkt hatte, beanspruchte die Rapperin Big Freedia aus New Orleans den Tanz für sich. Die selbst ernannte „Queen of Bounce" behauptete nämlich, das Twerken sei von den Bounce-Tänzern in ihrer Heimatstadt erfunden worden. Also sang Big Freedia (Bühnenname von Freddie Ross) in ihrer Heimatstadt ihren Hit „Duffy" und gab den Einsatz für 410 Tänzer zwischen acht und 80, die daraufhin zwei Minuten lang ihre Hintern im Takt bewegten – Rekord!

REKORD-TWERKEN IN NEW ORLEANS

▼ Wie eingefroren!

http://yt.vu/BrfN_o91Igg

Im Herbst 2016 beherrschte ein neuer Hype das Internet: die Mannequin Challenge. Auf zahllosen Plattformen wurden Videos von Menschen gepostet, die wie erstarrt aussehen. Der vielleicht berühmteste Clip kam aus dem Weißen Haus und zeigt unter anderem Bruce Springsteen, Tom Hanks und Diana Ross (das Video ist auf YouTube zu sehen). Natürlich entstand schnell ein Wettbewerb um die größte Mannequin Challenge. Der Pokal geht nach Kapstadt: Dort erstarrten 55 000 Zuschauer, Spieler, Mitarbeiter und Sanitäter bei einem Rugby-Turnier der Cape Town Sevens auf ein Zeichen hin zu Salzsäulen.

WELTGRÖSSTE MANNEQUIN CHALLENGE

Reine Kopfsache

http://y2u.be/joA086aXDlk

Als nigerianischer Fußballer in Kambodscha lief Harrison Chinedu Gefahr, bei der Auswahl von Spielern für die Nationalelf vergessen zu werden. Doch Harrison sorgte dafür, dass man ihn nicht übersehen konnte: Gekleidet in den Nationalfarben fuhr er mit dem Fahrrad von einem Strand außerhalb von Lagos bis zum Nationalstadion im Zentrum der Stadt. Ach ja – und er balancierte einen Fußball auf seinem Kopf, während er die 103 Kilometer zurücklegte! Sechs Monate vorher war sein Laufrekord mit einem Ball auf dem Kopf (48 Kilometer) schnell gebrochen worden, doch diesmal hofft er, etwas länger in den Rekordbüchern zu bleiben.

Rauf aufs Rad!

https://www.youtube.com/
watch?v=k-NpZQIQ6pE

Die Mitglieder des niederländischen Radfahrvereins Mijl Van Mares Werkploeg wollten unbedingt einen Rekord aufstellen. Also beschlossen sie, das längste Fahrrad der Welt zu bauen – und es wurde fast 36 Meter lang! Das Rad muss von zwei Menschen bedient werden: einer steuert vorn und einer tritt hinten in die Pedale. Wenn man ihn fragt, ob sich dieses Rad genauso leicht fahren lässt wie jedes andere, antwortet Frank Pelt, der Mann hinter dem Rekord: „Ja – wenn man nicht abbiegt!"

▼ Grimassen-Ass

http://y2u.be/72NW0pobAnw

Tang Shuquan aus dem chinesischen Chengdu verwendet viel Zeit für die Gestaltung seines Gesichts – verzichtet dabei aber auf jegliches Make-up. Man nennt ihn den „König der verformten Gesichter", und er hat zehn Jahre daran gearbeitet, die hässlichsten Grimassen schneiden zu können. Nachdem er darin den Weltrekord aufgestellt hatte, lobte Tang, der sich in die eigene Nase beißen kann, einen Preis aus – und bot demjenigen 10 000 britische Pfund, der es mit seinen Fähigkeiten aufnehmen kann.

GRIMASSEN-
CHAMPION

VERRÜCKTE FILMREKORDE

Film ab! Egal ob Hollywood oder Bollywood – in der spannenden und glamourösen Welt des Kinos wird über die Berühmten und die nicht so Berühmten genau Buch geführt …

TEURER REKORD-FILM

◀ Titanische Rekorde

http://youtu.be/2e-eXJ6HgkQ

Der 1997 entstandene Film „Titanic" mit Leonardo DiCaprio und Kate Winslet war seinerzeit der teuerste aller Zeiten. Aber es hat sich gelohnt! „Titanic" wurde zum erfolgreichsten Film sowohl an der Kinokasse als auch bei den Kritikern. Er erhielt die meisten Oscar-Nominierungen (14, gleichauf mit „All About Eve") und gewann auch die meisten Oscars (elf, gleichauf mit „Ben Hur"). Er spielte 2,2 Milliarden Dollar ein und steht damit an zweiter Stelle der kommerziell erfolgreichsten Filme (Platz 1: „Avatar").

Teures Traumkleid

http://yt.vu/RPW3kavkoFQ

Am 19. Mai 1962 tänzelte Marilyn Monroe während der Gala zum 45. Geburtstag von Präsident John F. Kennedy auf die Bühne des Madison Square Garden, legte ihren Pelzumhang ab und sang ihr berühmtes „Happy Birthday, Mister President". Unter dem Pelz trug Marilyn ein hauchdünnes, perlenbesetztes Kleid, das so eng war, dass sie darin eingenäht werden musste. Der Auftritt war einer der glanzvollsten Momente jener Zeit. 54 Jahre später kam das Kleid unter den Hammer: Es wurde vom Unternehmen Ripley's Believe It Or Not gekauft, und zwar für stolze 4,8 Millionen Dollar – der höchste Preis, der jemals für ein Kleid gezahlt wurde!

GRÖSSTER TWITTER-ERFOLG

▲ Selfie-Vermehrung

http://youtu.be/GsSWj51uGnI

Dies war das Bild, das auf Millionen Smartphones und Tablets erschien, nachdem Ellen DeGeneres es während der 86. Oscar-Verleihung auf Twitter gepostet hatte. Es ist die am häufigsten geteilte Twitternachricht aller Zeiten (bis jetzt mehr als drei Millionen Retweets). Das Selfie zeigt die Hollywoodstars Jared Leto, Jennifer Lawrence, Channing Tatum, Meryl Streep, Julia Roberts, Kevin Spacey, Brad Pitt, Lupita Nyong'o, Angelina Jolie, Peter Nyong'o und Bradley Cooper, der das Foto machte. Ellens Twitter-Kommentar: „Wenn Bradleys Arm nur länger wäre. Bestes Foto aller Zeiten. #oscars"

Statistisch!

http://youtu.be/miuzO4yI0V4

Der berühmte Regisseur Richard Attenborough hatte ein echtes Problem, als er 1980 in Indien den Film „Gandhi" drehte. Er war entschlossen, das Leben des großen Mannes so genau wie möglich wiederzugeben, und musste nun ein Begräbnis filmen, an dem eine Million Menschen teilgenommen hatten. Er beschloss, die Szene am 33. Jahrestag von Gandhis Begräbnis zu drehen, und schaffte es, dafür 300 000 Freiwillige und Schauspieler zu verpflichten – das sind die meisten Statisten, die jemals in einem Film mitgespielt haben.

Spüre die Macht

https://www.youtube.com/watch?v=sGbxmsDFVnE

Im Dezember 2015 war es so weit: Der Film „Star Wars: Das Erwachen der Macht" spielte in nur zwölf Tagen eine Milliarde Dollar ein – so schnell hatte das noch kein Film geschafft! Der Streifen, dessen Produktionskosten sich auf 200 Millionen Dollar beliefen, wurde zum dritterfolgreichsten Film aller Zeiten – nach den James-Cameron-Movies „Titanic" (1997) und „Avatar" (2009). „Das Erwachen der Macht", gedreht von J. J. Abrams, konnte noch weitere Rekorde verbuchen und spielte insgesamt 2,1 Milliarden Dollar ein.

TRANSPORTREKORDE

Diese seltsamen, brillanten, wunderbaren oder einfach nur völlig verrückten Transportmittel würden auf der Hauptstraße ziemlich auffallen ...

Rasender Mäher

http://y2u.be/nF18um9VGp8

Wenn Sie das nächste Mal darüber jammern, dass Sie Ihre armseligen drei Meter Rasen mähen müssen, denken Sie doch mal darüber nach, sich einen Honda Mean Mower zuzulegen. Der hat einen maßgeschneiderten Cobra-Sportsitz, ein Sechs-Gang-Getriebe und ein Glasfaser-Schneidewerk. Laut Honda ist er der schnellste Rasenmäher der Welt, denn angeblich bringt er es auf 210 km/h. Piers Ward vom BBC-Magazin „Top Gear" testete den Super-Mäher im spanischen Tarragona und erreichte 187,6 km/h – Weltspitze für einen Rasenmäher.

▼ Toiletten-Tüftler

http://y2u.be/FACWhm_8ImY

Wenn man mal muss, dann muss man – und zwar sofort! Niemand weiß das besser als der englische Ex-Klempner Colin Furze. Gott sei Dank ist Colin auch Ingenieur und Erfinder und als solcher konnte er die schnellste Toilette der Welt bauen. Mit dem kraftvollen Motor eines 140 ccm-Motorrads unter dem Sitz brach Furze mit seinem 88 km/h schnellen Sause-Klo den bisherigen Rekord von 68 km/h. Auf Colins YouTube-Kanal finden sich übrigens weitere Rekordkonstruktionen, darunter ein Elektromobil und ein Kinderwagen.

SCHNELLSTE TOILETTE DER WELT

Einrad-Wunder

http://y2u.be/Jzeq7FWl3Dg

Die Idee hinter dem Monowheel ist einfach: Man baue ein Rad, das groß genug ist, damit ein Mensch darin Platz findet. Motorisierte Einräder gibt es seit etwa 1930, aber Probleme mit der Balance, dem Steuern und der Sicht machen sie gefährlich. Kevin Scott baute in sein Monowheel War Horse einen 200 ccm-Gokart-Motor ein. Das Rad hat einen Durchmesser von 1,5 Metern; es ist nur durch Lehnbewegungen nach rechts oder links steuerbar. Im September 2016 fuhr Kevin eine Startbahn in Yorkshire entlang und brachte es dabei auf die Rekordgeschwindigkeit von 98,5 km/h.

◢ Zeit fürs Bett

http://y2u.be/CQYWX9UaCjQ

Tom Onslow-Cole ist einer der besten britischen Rennfahrer. Meist fährt er hochfrisierte Sportwagen. Doch seinen neuesten Triumph feierte er im Bett – in einem rasenden Bett! Auf der Emirates-Motorplex-Rennstrecke in den Vereinigten Arabischen Emiraten fuhr er ein motorisiertes Bett, das aus einem umgebauten Ford Mustang gebaut worden war. Der aufgeweckte Tom schaffte 135 km/h. Doch er hielt noch einen Weltrekord: 2012 fuhr er den schnellsten Milchwagen der Welt. Dieser Rekord wurde 2014 gebrochen, doch das wird ihm jetzt sicher keine schlaflosen Nächte mehr bereiten.

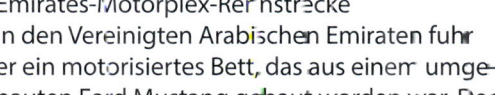

BESTER WELTRAUM-FORSCHER

▲ Mars-Marathon

https://www.youtube.com/watch?v=EADbiFTHirk

Der Opportunity Rover der NASA ist inzwischen seit mehr als 13 Jahren auf dem Roten Planeten unterwegs und ist dabei fast 44 Kilometer gefahren. Im Juli 2015 hat der kleine, 100 Millionen Kilometer von zu Hause entfernte Abenteurer nun einen Rekord gebrochen – und zwar den der größten Strecke, die jemals auf einem anderen Planeten zurückgelegt wurde. „Opportunity ist weiter gefahren als jedes andere Fahrzeug auf einem fremden Planeten", sagt John Callas vom Jet Propulsion Laboratory der NASA. „Das ist besonders interessant, wenn man bedenkt, dass er nur einen Kilometer fahren sollte." Weiter so, Opportunity!

SCHRÄGE TYPEN

Was man hat, soll man zeigen, heißt es. Keiner der Rekordbrecher hier scheint ein Problem damit zu haben, seine Eigenheiten zur Schau zu stellen. Sie werden sehen – es wird wirklich sehr speziell …

▼ Beinarbeit

https://www.youtube.com/watch?v=Cv-3Nwvs_ks

Diese Sportlehrerin an der George Mason Highschool im US-Staat Virginia kann ihren Schülern von ihrer Zeit als eine der besten russischen Basketballerinnen erzählen. Aber wahrscheinlich sind sie von einer anderen Höchstleistung stärker beeindruckt – denn Svetlana Pankratova ist die Frau mit den längsten Beinen der Welt. Sie sind 1,32 Meter lang, und das sind mehr als zwei Drittel ihrer Körpergröße von 1,96 Meter!

FRAU MIT DEN LÄNGSTEN BEINEN

◀ Zungenfertig

http://y2u.be/h3Ys5aWrbNc

Byron Schlenker hatte schon immer den Eindruck, dass seine Zunge ziemlich groß ist. Doch dann half er seiner Tochter Emily (14) bei einem Schulprojekt. Als er dabei über das Bild eines Australiers stolperte, der behauptete die größte Zunge der Welt zu haben, fragte er sich, wie groß seine wohl ist. Er fand heraus, dass nicht nur er eine größere Zunge hat als sein Konkurrent, sondern dass auch Emily den Rekord bei den Frauen hält! Byrons Zunge ist 3,6 cm breit – und misst damit zwei Zentimeter mehr als ein iPhone 6. Emily liegt mit 7,3 cm nicht weit dahinter.

▶ Was für eine Wespentaille!

http://y2u.be/SCl7BIoA17Y

Bei ihrer Hochzeit 1969 trug Cathie Jung zum ersten Mal ein Korsett. Ihr und ihrem Mann gefiel das und nun ist sie die Korsett-Queen. Sie trägt das beengende Kleidungsstück 24 Stunden am Tag! Im Laufe der Jahre konnte sie damit ihren Taillen-umfang auf unglaubliche 38 cm reduzieren – das entspricht in etwa einem Einmach-glas. Das Ganze ist umso bemerkenswerter, wenn man bedenkt, dass ihr Brust- und Hüftumfang mit jeweils 99 cm ganz normal sind.

Wie viele Finger?

https://www.youtube.com/watch?v=Rx05Mo1wWT4

Zehn Finger und zehn Zehen – für die meisten Menschen reicht das. Da kann Devendra Suthar aus Himatnagar im indischen Bundesstaat Gujarat nur müde lächeln. Denn er hat 14 von jeder Sorte. Devendra, ein (aufgrund seiner vielen Finger wahrscheinlich sehr geschickter) Zimmermann, wurde mit einer erblichen Besonderheit namens Polydaktylie geboren. Seit Dezember 2015 ist er ganz offiziell der Mensch mit den meisten Fingern und Zehen der Welt.

EXTREM-ESSER

Die Welt des Wettessens ist nichts für schwache Nerven und auch nichts für Leute, denen beigebracht wurde, ihr Essen nicht hinunterzuschlingen.

Eimerweise Eis

https://www.youtube.com/watch?v=RfRDA1Tbwko

GRÖSSTE EISTÜTE DER WELT

Niedrige Temperaturen, dazu viel Eis und Schnee – man sollte meinen, die Norweger würden alles andere lieber mögen als ausgerechnet Eiscreme. Von wegen! Der beliebte norwegische Eiscreme-Hersteller Hennig-Olsen hält seit Juli 2015 einen Guinness-Buch-Weltrekord, nachdem die Firma die größte Eistüte der Welt produziert hatte. Die über drei Meter hohe Köstlichkeit musste per Hubschrauber eingeflogen werden, denn sie wog eine Tonne und enthielt 1080 Liter Erdbeereis – genug für 10800 Eisliebhaber, wenn jeder zwei Kugeln nimmt!

Trauben-fänger

http://y2u.be/BmdoO53-Bol

Steve „Der Traubenmann" Spalding entdeckte seine besondere Begabung auf dem College, als seine Mitbewohner damit anfingen, Bonbons durch den Raum zu werfen. Steve brachte seine Freunde zum Staunen, weil er alles auffing – mit dem Mund! Während der nächsten 15 Jahre übte er weiter, verfeinerte seine Technik und spezialisierte sich schließlich auf das Fangen von Trauben. Heute hält er jede Menge Rekorde, darunter den, dass er 116 Trauben in drei und über 1200 in 30 Minuten auffangen kann. Unklar, ob er sie auch alle isst …

▶ Rekord-Röschen

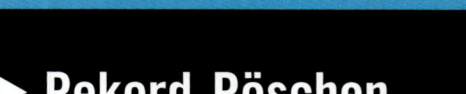

https://www.YouTube.com/watch?v=7Jl8gf2V98U

Viele Menschen verdrehen die Augen, wenn es zu Weihnachten Rosenkohl gibt, und lassen ihn auf dem Teller liegen. Aber nicht Emma Dalton: Die erstaunlich schlanke 27-jährige Wettesserin kann nicht nur einen 5000-Kalorien-Burger in unter zehn Minuten verputzen, sondern auch in etwas über einer halben Stunde 325 der kleinen Kohlköpfchen in sich reinstopfen – das sind drei Kilo Rosenkohl! Übrigens scheint auch Emma ihn nicht besonders gern zu mögen: Sie braucht jede Menge Minzsauce und Ketchup, um ihn runterzubekommen.

REKORD IM ROSENKOHL-ESSEN

▶ Kobayashi – der Meisteresser

http://y2u.be/P1GBf0ioYKl

Kobayashi (vgl. S. 37) ist wahrscheinlich der Weltmeister im Wettessen. Seit über 15 Jahren macht er seine Rivalen fertig. Er hat Hot Dogs, Twinkies, Satay, Nudeln und sogar Rinderhirn in Weltrekordzeit verschlungen. Hier sieht man ihn bei einem Taco-Wettbewerb im kalifornischen Redondo Beach. Er stellt den Rekord über die meisten in zehn Minuten gegessenen Tacos auf. Mit seinem schmalen Körperbau wirkt Kobayashi eher unscheinbar inmitten seiner mächtigen Kontrahenten. Am Ende waren aber alle grün vor Neid: Kobayashi aß 130!

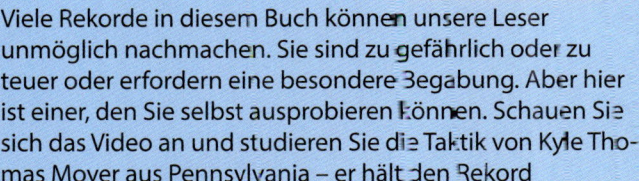

WELTMEISTER IM WETTESSEN

▼ Kaugummiblasen

http://y2u.be/alBUeRNOalw

Blasen-Champion Chad Fell aus Alabama hat eine Kaugummiblase mit einem Durchmesser von fast 51 cm hingekriegt, die volle 5 Sekunden hielt. Kein Zufall – Chad nimmt seine Begabung ernst. Er übt mit zwei Packungen Dubble Bubble pro Woche. Um die Temperatur in seinem Mund zu regulieren, trinkt er kaltes Wasser und kaut 15 Minuten lang, um den Zuckergehalt zu reduzieren und den Kaugummi dadurch elastischer zu machen. Erst dann beginnt er langsam mit dem Lufteinblasen.

▼ Muffin-Mampf

http://y2u.be/OZMMSW4Ackk

Viele Rekorde in diesem Buch können unsere Leser unmöglich nachmachen. Sie sind zu gefährlich oder zu teuer oder erfordern eine besondere Begabung. Aber hier ist einer, den Sie selbst ausprobieren können. Schauen Sie sich das Video an und studieren Sie die Taktik von Kyle Thomas Moyer aus Pennsylvania – er hält den Rekord über die kürzeste Zeit, in der man einen Muffin essen kann, ohne dabei die Hände zu benutzen. Versuchen Sie es nun selbst. Die zu schlagende Rekordzeit liegt bei 28,18 Sekunden. Und bitte nicht vergessen – ohne Hände!

Ei-nzigartig!

http://y2u.be/uCgok8lmVol

Schnellesserin Sonya Thomas gehört nicht nur zu den besten ihrer Zunft, sie hat auch die besten Spitznamen. Manchmal verwendet sie den Titel „Anführerin der Vier Ritter der Speiseröhrer", doch bekannter ist sie als die „Schwarze Witwe". Denn die zierliche, nur 50 Kilo leichte Frau kann mehr essen als Männer, die viermal so schwer sind. Sonya hält nicht nur den Rekord, den sie in diesem Video aufstellt, sondern noch viele weitere. Darunter den, dass sie fast fünf Pfund Früchtebrot in zehn Minuten verputzen kann.

▼ Den Tränen nah

http://y2u.be/Jky1gDSw0AM

Der Kanadier „Furious Pete" (bürgerlich Piotr Czerwinski) ist einer der bekanntesten Wettesser. Er hält sechs Weltrekorde. Darunter den, dass er 17 Bananen in zwei Minuten verputzen kann, 15 Hamburger in zehn Minuten und 17 Jaffa-Kekse in 60 Sekunden. Auch 750 ml Olivenöl trinkt er in einer Minute. Pete gibt allerdings zu, dass es ihm am schwersten fiel, eine ganze Zwiebel in 43 Sekunden zu verschlingen. Sehen Sie sich seinen ersten fehlgeschlagenen Versuch an, und Sie wissen, warum …

MEHRFACHER WELTREKORDLER IM ESSEN

IMMER IN BEWEGUNG

In diesen unterhaltsamen Clips geht es um Menschen, die sich durch Pirouetten, Breakdance, Bambustanz oder Limbo einen Rekord ertanzt haben.

Pirouetten-Prinzessin

http://y2u.be/_bT756ywafU

Seit ihrem zehnten Lebensjahr ist Sophia Maria Lucia Amerikas Liebling. Die junge Ballerina ist schon in diversen TV-Shows aufgetreten. Das Wunderkind hat eine eigene Kollektion für Tanzkleidung und hat sogar ein Buch herausgebracht. Kein Zweifel – dieses Mädchen hat wirklich Talent – und jetzt auch einen Spitznamen: die „Pirouetten-Prinzessin". In diesem Clip von 2013 vollführt sie 55 Pirouetten hintereinander und stellt damit einen Weltrekord auf!

▼ Schlangenfrau

http://y2u.be/yHzpcBuQlpM

Julia Günthel trägt den Bühnennamen Zlata. Die 27-jährige Russin lebt in Deutschland und gilt als beweglichster Mensch der Welt. Wenn man ihr dabei zuschaut, auf welche Weise sie ihren Körper beugt und verdreht, kann man einfach nicht glauben, dass sie ein Rückgrat besitzt. Ihre Ballon-Nummer muss man einfach gesehen haben, um sie zu glauben: Sie schafft es, in 12 Sekunden drei Luftballons zum Platzen zu bringen – und zwar, indem sie sie mit ihrem nach innen gebogenen Rücken zusammenpresst! Das kann einfach nicht bequem sein …

▶ Menschlicher Rotor

https://youtu.be/EZfVAxG2-h4

Der Headspin gehört zu den Grundfiguren beim Breakdance. Dabei dreht sich der Tänzer um die eigene Achse, während er auf dem Kopf steht. Und jetzt schauen Sie sich an, mit welcher Kraft und Gelassenheit der 23-jährige Japaner Aichi Ono seinen Kopf quasi in der Boden schraubt. Der „menschliche Tornado" oder „Spinboy" dreht sich in halsbrecherischem Tempo und schafft in einer japanischen Fernsehshow unglaubliche 142 Umdrehungen in einer Minute.

GRÖSSTE ANZAHL VON HEADSPINS

Limbo Queen

https://www.youtube.com/watch?v=tqI4NKLhhvU

Shemika Charles ist die weltberühmte Limbo Queen. Seit sie 2010 im Live-TV einen Guinness-Weltrekord aufgestellt hat, indem sie knappe 21,5 cm über dem Boden tanzte, hat sie ihren einzigartigen Act weltweit aufgeführt. Im Juni 2015 hat sich die Limbo Queen dann an etwas Neues gewagt: Sie tanzt Limbo unter einem Auto hindurch! Der erste Weltrekord dieser Art und wirklich unglaublich.

Stangentanz

http://y2u.be/k60aeDbB_vw

Der Cheraw-Tanz, bei dem die Tänzer zwischen zwei waagerechten Bambusstangen hin- und herspringen, ist ein faszinierender Volkstanz, der viel Geschick erfordert. Im Rahmen des Chapchar Kut, eines Erntedankfests im nordostindischen Mizoram, kamen über 10 000 Menschen in traditionellen Kostümen zusammen, um den Tanz aufzuführen. Dazu benutzten sie 6710 Bambusstäbe und tanzten in einem Stadion sowie auf drei Kilometer Straße. Weltrekord! Und zwar der des größten und längsten Bambustanzes.

DAS MUSS DOCH WEHTUN!

Wenn man diesen Rekordbrechern dabei zusieht, wie sie sich quälen, scheint man ihren Schmerz fast selbst zu spüren. Tut man natürlich nicht. Trotzdem – autsch!

Harte Kopfarbeit

http://y2u.be/mkgDDCMKXXc

Nächste Weihnachten, wenn Sie mit Ihrem Nussknacker und einer widerspenstigen Walnuss kämpfen, erinnern Sie sich an dieses Video. Es entstand 2014 beim Punjab Youth Festival im pakistanischen Lahore. Der Kampfkunst-Guru Muhammad Rashid knackt 155 Walnüsse in einer Minute – mit seinem Kopf. Und der ist gnadenlos: Nur Splitter bleiben übrig, wenn Muhammad in halsbrecherischer Geschwindigkeit eine harte Nuss nach der anderen erledigt.

▼ Push-up-Star

https://www.youtube.com/watch?v=PdIpfOPCj9I

Der superfitte Fitness-Fanatiker Carlton Williams, ein Mann mit extrem wenig Körperfett, hat seinen eigenen Weltrekord gebrochen – den der meisten Liegestütze in 60 Minuten. Der 50-jährige Waliser brachte es im August 2015 in einem Fitnessstudio in Margaret River in Westaustralien auf 2220 Stück – und bei jedem einzelnen senkte er seinen Körper so tief, dass der Ellbogen einen 90-Grad-Winkel bildete. „Nach einer Weile gewöhnt man sich an den Schmerz", gab er danach zu. Seien Sie ehrlich … Wie viele schaffen Sie in einer Stunde?

▼ Spiel mit dem Feuer

http://y2u.be/cNuwX0hTFKU

Ein Löffel zu heiß gegessener Suppe hat etwa 85 °C. Wahrscheinlich haben Sie ein oder zwei Tage lang Blasen auf der Zunge. Darüber kann Brad Byers nur müde lächeln. Der Mann mit dem Spitznamen „Menschlicher Werkzeugkasten" (weil er Werkzeuge durch seine Nasenhöhlen schieben kann, aber das ist eine andere Geschichte) hat es mit 20-mal höheren Temperaturen zu tun. Eer löscht die Flamme eines Propan-Schweißbrenners mit seiner Zunge. Es ist unglaublich – er leckt an einer 2000 °C heißen Flamme! Woraus ist diese Zunge nur gemacht?

▶ Hülle aus Bienen

https://www.youtube.com/
watch?v=izDNnfUkTBw

Der Chinese Ruan Liangming ist entweder
furchtlos, dumm oder liebt Bienen über alles. Im
Januar 2016 brach er seinen eigenen Weltrekord,
indem er seinen gesamten Körper mit den
geliebten Insekten bedeckte. Mit dieser
an die Nerven der Zuschauer gehen-
den Aktion wollte er den ultimativen „Bienenbart" hinkriegen. Sie
fragen, wie viele Bienen er dafür
brauchte? Es waren 637 000, darunter 60 Königinnen. Am Ende
stellte Ruan den Weltrekord für
die schwerste Hülle aus Bienen
auf – denn die Tiere wogen mit
63,7 Kilo etwa so viel wie ein
zweiter Mensch, der sich
auf einen drauflegt …

LÄNGSTE
ZEIT
BEDECKT MIT
BIENEN

▲ Heavy Metal

http://y2u.be/Rj7vKStJmtA

Elaine Davidson ist ein lebendes Durcheinander aus Tattoos und glitzerndem Metall – und sie ist die am stärksten gepiercte Frau der Welt. Die aus Brasilien stammende Krankenschwester lebt in Edinburgh. Als sie im Jahr 2000 zur Frau mit den meisten Piercings gekrönt wurde, trug sie 462 Stifte und Ringe an ihrem Körper, darunter 192 im Gesicht. Doch Elaine konnte einfach nicht aufhören: Bis März 2012 hatte sie es auf über 9000 Piercings gebracht! Da sie die Piercings niemals herausnimmt, schleppt sie drei zusätzliche Kilos mit sich herum

FRAU MIT DEN MEISTEN PIERCINGS

MEHR ALS TEUER

Sie würden sich wundern, welche Dinge auf YouTube zu den teuersten gehören. Wer würde in dieser Kategorie schon einen Gebrauchtwagen oder ein Paar auffällige Turnschuhe vermuten?

◀ Feiner Luxusflug

http://y2u.be/84WIaK3bI_s

Sie wollen von New York nach Sydney? Warum nicht mal mit Stil reisen? Buchen Sie einfach einen Flug mit dem Airbus A380 der Etihad Airways und fragen Sie nach der Luxussuite „The Residence". Für den teuersten Flug der Welt zahlt man 52 000 Dollar. Dafür reist man aber auch in einer Fünf-Sterne-Suite mit elegantem Schlafzimmer für zwei Personen, einer Lounge mit Flachbildfernseher und einer Duschkabine. Ein im Savoy Hotel ausgebildeter Butler macht Ihr Bett und kümmert sich um Ihr Wohlergehen. Was? Sie haben Economy gebucht? Hm ... vielleicht kriegen Sie ja ein Upgrade!

TEUERSTER GEBRAUCHT-WAGEN

▼ 50 Millionen für einen Gebrauchten?

http://y2u.be/n2j8ElGBzTU

Der Ferrari 250 GTO wurden zwischen 1962 und 1964 nur 39 Mal gebaut. Ursprünglich waren die Autos für Rennen vorgesehen, doch sie waren bald überholt und brachten in den 1970er-Jahren nur etwa 10 000 Dollar. Heute können sich nur Superreiche einen solchen Wagen leisten – wenn sie denn einen finden. Zurzeit hält der 250 den Rekord des teuersten jemals versteigerten Autos (32 Millionen Dollar) und den des teuersten jemals privat verkauften Autos (52 Millionen Dollar).

◄ Stich im Portemonnaie

http://y2u.be/RCcY0n_7DDs

Die Liste der teuersten Flüssigkeiten der Welt ist faszinierend. Dass Parfüm, Champagner und menschliches Blut draufstehen, ist nicht weiter überraschend. Es gibt einige Überraschungen wie Ahornsirup oder Nasenspray. Und kein PC-Nutzer sollte sich darüber wundern, dass Druckertinte ziemlich weit oben steht – mit fast 2000 Euro für einen Liter. Aber seien Sie froh, wenn Sie kein Skorpiongift brauchen, das für Medikamente gegen Krebs verwendet wird. Es ist gar nicht so einfach und auch gefährlich Skorpione zu fangen und zu melken – siehe Video! Ihr Gift kostet zehn Millionen Euro pro Liter.

Hier schmilzt das Geld

http://y2u.be/PpnujjnF1Eg

Es sieht aus wie leckeres Schokoladeneis – und für 25 000 Dollar sollte es das auch! Frrrozen Haute Chocolate ist der teuerste Nachtisch der Welt und es gibt ihn im berühmten New Yorker Restaurant Serendipity 3. Man muss ihn allerdings zwei Wochen im Voraus bestellen, denn hier geht es nicht um irgendeinen matschigen Mix aus Milch und Schokolade. Dieses Dessert enthält über fünf Gramm 24-karätiges Gold; von überallher werden die edelsten Zutaten eingeflogen. Darunter auch La Madeline au Truffe – die teuerste Schokolade der Welt!

◄ Weit gereister Fußball-Engel

http://y2u.be/CT7AXKmSGRg

Dieses Video zeigt, dass der argentinische Stürmer Ángel Di María zu den Besten der Welt gehört. Er war Spieler des Abends beim Sieg von Real Madrid im Champions-League-Finale von 2014 und auch beim Weltcup-Finale im selben Jahr dabei. Doch Di María enttäuschte auch oft genug. Gerade dieses nicht genutzte Potenzial machte aus ihm den teuersten Spieler der Welt. Seit dem Beginn seiner Karriere im argentinischen Rosario wurde er an Benfica Lissabon verkauft (für 5,6 Millionen britische Pfund), an Real Madrid (für 23 Mio.), an Manchester United (für 59,7 Mio.) und schließlich an Paris Saint-Germain (für 46 Mio.). Insgesamt summieren sich all diese Transfers auf die stolze Summe von 134,3 Millionen britische Pfund!

DER TEUERSTE FUSSBALL-SPIELER

LANGER WEG NACH UNTEN

Manche Leute haben einfach keinen Respekt vor der Schwerkraft. Kluge Menschen würden ja mit den Füßen am Boden bleiben, aber natürlich nicht diese Adrenalin-Junkies …

Vogelmann aus Norwegen

http://y2u.be/ER1PGYe9UZA

Ist das ein Vogel? Oder ein Flugzeug? Nein – es ist Espen Fadnes, der am schnellsten fliegende Mensch der Welt. In seinem Flughörnchen-Anzug springt er routiniert von Gebäuden, Brücken, Bergen und Klippen – und fliegt. 2010 wurde er bei einem Base-Jumping-Wettbewerb offiziell zum am schnellsten fliegenden Menschen gekrönt. Werden Sie Zeuge, wie er ganz ruhig (obwohl er, wie er zugibt, schreckliche Angst hat) von einer 1240 Meter hohen Klippe im norwegischen Stryn springt und mit 250 km/h durch die Luft fliegt.

Jump de Triomphe

http://y2u.be/MLejkyXbJlc

Der australische Motorrad-Stuntman Robbie Maddison mag eine gute Silvesterfeier. Seine rekordverdächtigen Jahresendstunts sind für Erlebnishungrige zur Tradition geworden. Der von 2008 ist kaum zu toppen: Mit seinem Bike raste der 27-jährige eine zehn Meter hohe Rampe hinunter und landete auf dem Dach einer 30 Meter hohen Nachbildung des Arc de Triomphe in Las Vegas. Nachdem er damit den Weltrekord des höchsten Motorradsprungs aufgestellt hatte, sprang er die 24 Meter wieder hinunter – und brach sich dabei die Hand.

▶ Nur mit den Händen

http://y2u.be/Wy3SuhEQHVg

Dan Osman war der schnellste Free-Solo-Kletterer der Welt. In diesem Clip klettert er in nur vier Minuten und 25 Sekunden den Bear's Reach hinauf, eine 122 Meter hohe Felswand am Lover's Leap in Kalifornien. Er benutzt keine Seile oder Griffe, sondern nur seine Hände und Füße. Osman versuchte sich auch an weiteren Bergrekorden: So sprang er am Leaning Tower im Yosemite-Nationalpark in Kalifornien 335 Meter an einem Seil in die Tiefe. Leider starb er hierbei, da das Seil riss.

SCHNELLSTER FREE-SOLO-KLETTERER

Himmel ohne Grenzen

http://y2u.be/FQSvowsAUkl

Felix Baumgartner war wahrscheinlich der erste (und der berühmteste) Fallschirmspringer, der die Schallmauer durchbrach, doch sein 2012 aufgestelter Rekord hielt nur etwas über zwei Jahre. 2014 sprang Alan Eustace, Senior Vice President bei Google, 40 Kilometer über New Mexico ab und brach damit Baumgartners Rekord. In einem maßgefertigten, unter Druck stehenden Raumanzug sprang er aus 41 419 Metern Höhe ab und erreichte im Fallen ein Tempo von 1322 km/h. Angeblich löste sein Körper einen Überschallknall aus, den das Betreuungsteam am Boden hören konnte.

TIEFSTER FREIER FALL

▲ Hoch auf dem Seil

http://y2u.be/9W0umbacmzg

In China ist Adili Wuxor als der „Seiltänzer-Prinz" bekannt, seine besondere Begabung ist also keine Überraschung. Was er in diesem Video tut, ist aber trotzdem der Wahnsinn: Der 45-jährige Wuxor bricht seinen eigenen Rekord und läuft in 180 Metern Höhe auf einem 1800 Meter langen Seil über den Gelben Fluss. Auf halber Strecke macht er Pause, führt einige Kunststücke auf dem 3,6 cm dicken Seil vor und wartet auf seinen Assistenten, der am anderen Ende gestartet ist. Er steigt dann über ihn drüber und geht seinen unglaublichen Weg zu Ende.

KRASSE KONSTRUKTIONEN

Die Welt der Technik verdient eine besondere Erwähnung in diesem Buch der Rekorde. Die besten Brücken und Tunnel der Welt sind spektakuläre Beispiele menschlicher Leistungskraft.

▶ Brücken-Riese

http://y2u.be/WP1rZrB9SZI

Die 2009 eröffnete Brücke über den Fluss Siduhe in der chinesischen Provinz Hubei ist die höchste Brücke der Welt. Die Hängebrücke schwebt schwindelerregende 472 Meter über dem Fluss-tal und ist 1100 Meter lang. Deshalb mussten die Erbauer auch eine Rakete einsetzen, um das erste Hilfsseil auf die andere Seite zu befördern. Manche behaupten, diese Brücke sei auch die einzige auf die Welt, die so hoch ist, dass ein Mensch die Endgeschwindigkeit im freien Fall erreicht, wenn er sich von ihr herunterstürzt.

DIE HÖCHSTE BRÜCKE DER WELT

◀ Fantasien aus Licht

http://y2u.be/9ugUDYcr9hw

Der Bund Sightseeing Tunnel ist eine der Top-Five-Touristenattrak-tionen in Shanghai und zugleich der längste Lichtkunsttunnel der Welt. In knapp fünf Minuten fahren die Passagiere in automatisier-ten Wagen die 647 Meter Strecke unter dem Huangpu-Fluss hin-durch und erleben dabei eine psychedelische Reise vom Weltraum zum Erdmittelpunkt und zurück. Einige finden diesen Trip durch strahlende Lichter und ungewöhnliche Effekte, begleitet von Stimmen wie aus einer anderen Welt, „bewusstseinserweiternd". Andere sprechen von „Kitsch". Doch sehen Sie selbst …

▲ Himmelsleiter

http://y2u.be/T2HHh5ksUvl

Hoch über der atemberaubenden Szenerie des Wulingyuan-Weltnaturerbes in China spannt sich eine weiße Brücke, die in den Wolken zu schweben scheint. Die Zhangjiajie-Grand-Canyon-Glasbrücke soll die längste und höchste gläserne Fußgängerbrücke der Welt sein. Sie befindet sich in einer Region, die James Cameron zu den schwebenden Halleluja-Bergen in seinem Film „Avatar" inspiriert haben soll. Die 430 Meter lange Brücke schwebt fast 300 Meter über der Erde. In den Boden eingesetzte Glasplatten bieten Gelegenheit zu spektakulären Fotos und schwindelerregenden Blicken in den Canyon. „Man hat den Eindruck mitten in der Natur und zugleich in der Luft zu sein", sagt Architekt Haim Dotan.

Kleine große Stadt

http://y2u.be/O8TsKEtR8VQ

Willkommen in Casey, Illinois, drei Stunden südlich von Chicago. In dieser kleinen Stadt mag es nur 3000 Einwohner geben, aber die nehmen sich gern mal Großes vor: 2011 baute Jim Bolin ein 17 Meter hohes Windspiel als Werbung für den Teeladen seiner Frau. Dann fertigte er zusammen mit anderen Einwohnern von Casey ein neun Meter hohes Golftee an und danach 3,60 Meter breite Holzschuhe, eine 18 Meter lange Heugabel, einen 17 Meter hohen Schaukelstuhl, einen zehn Meter hohen Briefkasten und vier Meter lange Stricknadeln. Ein Weltrekord jagt den anderen!

DER GEFÄHRLICHSTE TUNNEL

◣ Kliffhänger

http://y2u.be/GzJnOrr5RUE

Der Guoliang-Tunnel in den chinesischen Taihang-Bergen gilt als der gefährlichste Tunnel der Welt. 1972 gruben die Einwohner des Dorfes Guoliang einen 1200 Meter langen Tunnel durch einen felsigen Abhang. Als die Straße für den Verkehr freigegeben wurde, nannte man sie schnell „die Straße, die keinen Fehler duldet". Selbst für ein einzelnes Auto ist der Tunnel recht eng. Man kurvt und windet sich an etwa 30 „Fenstern" vorbei, durch die man in einen Hunderte Meter tiefen Abgrund blickt.

WILDE WELTREKORDLER

Ein weiterer Blick in die Wildnis fördert ein sehr träges Faultier, eine äußerst aggressive Ameise, einen Riesentintenfisch und ein ungewöhnliches Felltier zutage.

LANG-SAMSTES TIER DER WELT

▼ Achtung, Ameise!

http://y2u.be/vU_thoOeQw0

Die Bulldoggenameise ist die härteste Bedrohung in der Welt der Insekten. Denn die gefährlichste Ameise Australiens ist ein Kampftier: Sie misst stolze 15–35 mm, hat riesige Kieferzangen und einen giftigen Stachel, der andere Insekten töten und größeren Lebewesen heftige Schmerzen bereiten kann. Aber vor allem hat sie überhaupt keine Angst: Zu Besuchern ist sie nicht besonders nett. Sie nimmt es mit jedem auf, der sich ihr nähert – sogar mit Schlangen und Menschen.

▲ Gaaanz sachte

http://y2u.be/OTp8W251aiQ

Das Dreifinger-Faultier hat es niemals eilig. Es schläft zehn Stunden am Tag, kommt einmal pro Woche von seinem Baum herunter, um sein Geschäft zu machen und ab und zu (gemächlich) zu schwimmen. Es ist das langsamste Säugetier der Welt: Sein durchschnittliches Tempo beträgt 0,24 km/h, seine Spitzengeschwindigkeit 1,98 Meter pro Minute. Es ist so langsam, dass Algen auf ihm wachsen. Dafür hat es aber eine gute Entschuldigung: Seine langen Krallen sind ideal für ein Leben in den Bäumen, zum Laufen sind sie aber äußerst unbequem.

► Monster-Kalmar

http://y2u.be/xDcsByYGzSE

Der Koloss-Kalmar mit seinen gigantischen Tentakeln, krallenförmigen Chitinhaken und den weltgrößten Augen ist der größte Wirbellose der Welt. Man sieht ihn selten und noch seltener fängt man ihn, denn er lebt in den tiefen und kalten Gewässern der Antarktis. Der mächtigste, der jemals gefangen wurde, war zehn Meter lang. Fischer erwischten ihn 2007 vor der Küste der Antarktis. Das 495 Kilo schwere Monster, dessen Calamari-Ringe so groß wie Autoreifen wären, wurde sofort tiefgefroren und nach Neuseeland transportiert. Der Clip zeigt, was passierte, als es auftaute …

WELT-
GRÖSSTER
WIRBEL-
LOSER

◄ Mollige Wolle

http://y2u.be/kHu-r4gx2kI

Wanderer trafen im Naturreservat Mulligans Flat Woodland Sanctuary in der Nähe der australischen Hauptstadt Canberra auf eine seltsame Kreatur. Sie war so groß wie ein Kleinwagen und so behaart wie ein Yeti. Es war Chris – ein verloren gegangenes und seit Langem nicht mehr geschorenes Merino-Schaf. Das wolligste Schaf der Welt sah schlecht aus, und da es fünfmal mehr Wolle als üblich mit sich herumtrug, hätte es die gnadenlose australische Sommerhitze wahrscheinlich nicht überlebt. Nachdem ihm jedoch nahezu die Hälfte seines eigenen Körpergewichts vom Leib geschoren war, erwies es sich als überraschend gesund. Und immerhin: Chris lieferte 40 Kilo Wolle – das reicht für 30 Pullover!

WISSENSCHAFTSWUNDER

Neue Entdeckungen und Erfindungen zu machen und immer tiefer und weiter zu forschen, ist die Aufgabe von Wissenschaftlern. Kein Wunder, dass manche von ihnen unglaubliche Rekorde aufstellen.

Wundermittel

http://y2u.be/WFacA6OwCjA

Graphen ist eine dünne Lage reinen Kohlenstoffs. Es besteht aus einer einzigen dichten Schicht von Kohlenstoffatomen, die sechseckige Waben bilden. Graphen ist das dünnste, leichteste und stärkste der Menschheit bekannte Material und zugleich der beste Elektrizitäts- und Wärmeleiter. Neueste Entwicklungen in der Herstellung haben zu der Vorhersage geführt, dass Graphen bald für fast alles eingesetzt werden wird – von kugelsicherer Kleidung über faltbare Fernseher und Telefone bis hin zu Tarnumhängen.

▼ Goodbye Mond

http://y2u.be/TU6QzMItdZA

Nur zwölf Menschen haben jemals den Mond betreten. Schon drei Jahre nach Neil Armstrongs großartigem ersten Schritt kletterte Eugene Cernan zurück in die Apollo 17. Als letzter Mann auf dem Mond stellte er mit 18 km/h einen Geschwindigkeitsrekord mit dem Mondfahrzeug auf und verbrachte außerdem mehr Zeit auf dem Erdtrabanten als irgendwer vor ihm. „Als ich die Leiter einholte", sagt er, „wusste ich, dass ich nie zurückkommen würde."

TEMPO-REKORD AUF DEM MOND

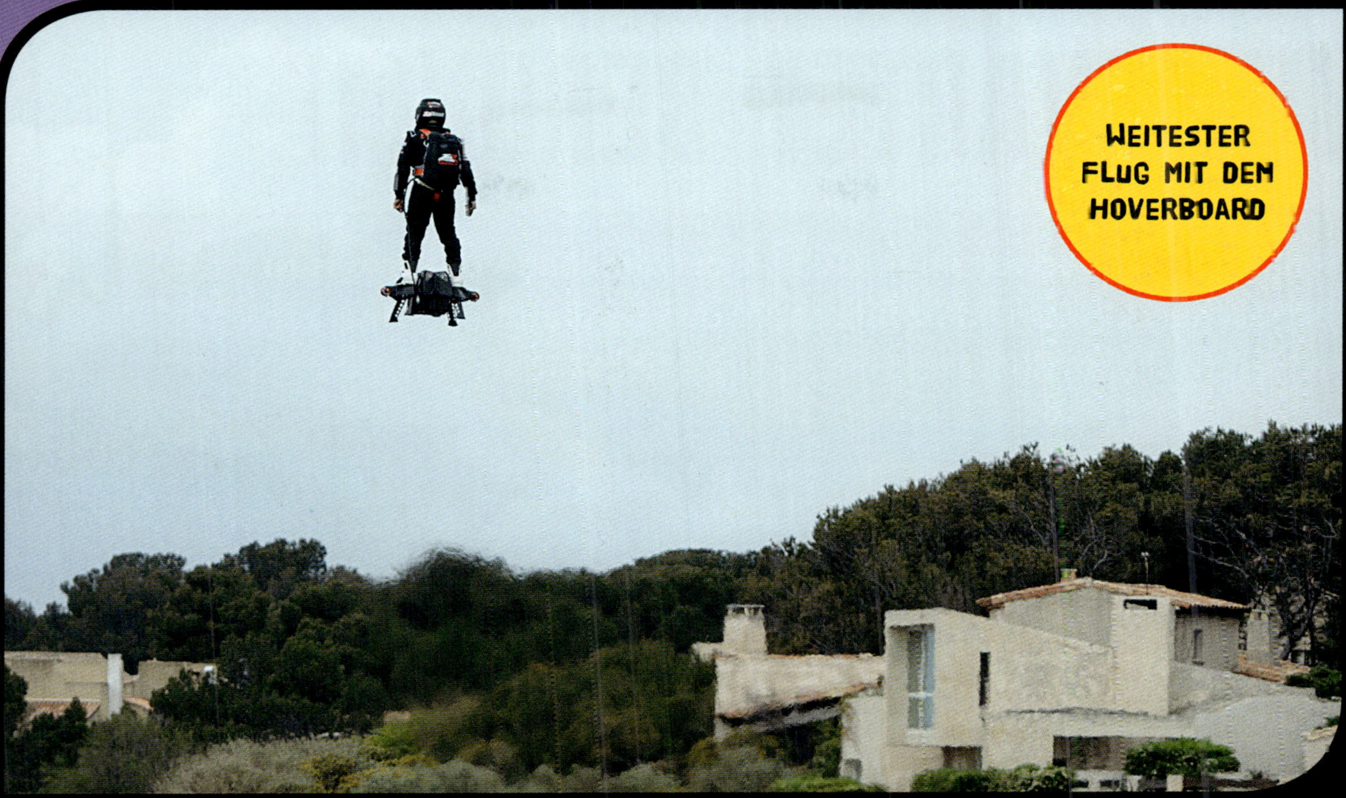

▲ Willkommen an Board

http://y2u.be/rNKRxsNyOho

Sie hatten uns Raketenrucksäcke versprochen, doch Hoverboards tun's auch. Hier stellt Franky Zapata im April 2016 einen neuen Weltrekord für den längsten Hoverboard-Flug auf. Entlang der französischen Küste saust er 2252 Meter über das Meer und landet dann sicher auf dem Trockenen. Das Hoverboard wird von einem Düsentriebwerk angetrieben und mit den Füßen gesteuert. Mit einem Rucksack voll Benzin kann man rund zehn Minuten in der Luft bleiben. Die Höchstgeschwindigkeit beträgt etwa 150 km/h.

► Leichtgewicht

http://y2u.be/3bIXUBXj070

Clevere chinesische Wissenschaftler haben den leichtesten Feststoff der Welt entwickelt – ein Graphen-Aerogel, das siebenmal leichter ist als Luft und zwölf Prozent leichter als der bisherige Rekordhalter. Der schwammartige, aus frostgetrocknetem Kohlenstoff und Graphenoxid bestehende Stoff ist auch das dünnste Material aller Zeiten – drei Millionen Schichten Graphen sind nur einen Millimeter dick! Seine einzigartige Struktur macht es sehr dünn und extrem stark. Es heißt sogar, dass eine einzige klebstreifendünne Schicht das Gewicht eines Elefanten aushalten könnte.

UNERWARTET BERÜHMT

Wenn Millionen Viewer ein YouTube-Video anschauen, kann das zu überraschender Prominenz führen. Zu den Berühmtheiten hier zählen ein Hund auf dem Roller und eine Gruppe abgebrühter Knackis.

▼ Knast-Aerobic

http://y2u.be/vsG1_eee9fg

Als philippinische Strafgefangene zu „Thriller" tanzten, war das ein echter YouTube-Hit. Man kann sich das mit Genuss anschauen, doch dieser Ganzkörper-Workout von Gefängnisinsassen in Peru hat auch einen Rekord gebrochen – und zwar den der meisten tanzenden Menschen in einem Gefängnis. Für die farbenfrohe Aufführung haben 1200 „Bewohner" des überfüllten Lurigancho-Gefängnisses in Lima drei Monate hart trainiert. In diesem Clip zeigen die Knackis – darunter Mörder, Drogenbarone und andere Kriminelle – zu den Klängen von Reggaeton und Merengue, was sie draufhaben.

DIE MEISTEN TANZENDEN GEFANGENEN

▲ Hitwunder

http://y2u.be/0E00Zuayv9Q

„I have a pen. I have an apple. Apple-pen! I have a pen. I have a pineapple. Pineapple-pen!" Sie lachen? Hören Sie es sich nur einmal an und Sie singen es den ganzen Tag! Der Song „Pineapple-Apple-Pen" von Piko-Taro, einem 40-jährigen DJ aus Japan, ist die perfekte Mischung aus simplem Text, eingängigem Beat und extrem guter Tanzbarkeit. Das YouTube-Video wurde bis jetzt über 120 Millionen Mal angesehen, das Facebook-Video bringt es auf 71 Millionen Klicks. Und die nur 45 Sekunden lange Single ist der kürzeste Song, der es jemals in die amerikanischen Top 100 geschafft hat.

Wahnsinns-Afro

http://youtu.be/65-He8_sb_k

Als Aevin Dugas aus Louisiana vor 14 Jahren ein Foto ihrer Mutter mit Afro-Frisur sah, tauschte sie ihre eigenen gelockten Strähnen gegen eine Rundfrisur im Retro-Style ein. Heute trägt sie den größten natürlichen Afro der Welt. Der misst 1,32 Meter rundherum und ist 17 cm hoch. Zum Waschen und Trocknen benötigt Aevin zwei Tage und manchmal fällt es ihr auch schwer, unter ihm hervorzuschauen, doch angeblich ist er ein sehr bequemes Kissen.

▼ Hund auf Rädern

http://y2u.be/qKYryJ_1poC

Er ist ein drei Jahre alter Briard, ein französischer Schäferhund, und er hat ein besonderes Talent: Schon als Welpe stieg er gern auf einen Roller und rollte los. Norman hält sich mit seinen Vorderpfoten am Lenkrad fest und stellt einen Hinterlauf auf das Brett. Mit dem anderen Bein stößt er sich ab. Und als er schon lange als „Norman, der Rollerhund" bekannt war, fuhr er 100 Meter in knapp über 20 Sekunden – das ist Weltrekord für einen Hund auf dem Roller!

Mit vollem Mund

http://yt.vu/PampEBRmyzQ

An die Worte „weit aufmachen" ist Vijay Kumar aus dem indischen Bangalore gewöhnt. Doch nicht nur der Zahnarzt möchte in den Mund des Weltrekordlers sehen. Denn Vijay hat 37 Zähne – fünf mehr als ein Durchschnittsmensch und mehr als jeder andere auf der Welt. Als Teenager wurde Vijay erstmals auf sein ungewöhnliches Gebiss aufmerksam, doch erst in seinen Zwanzigern ließ er genau untersuchen, wie viele Zähne er hat. Er beißt sich recht oft auf die Zunge, hat aber kein Problem, damit Sahnebonbons zu kauen.

BESTER HUND AUF DEM ROLLER

BILDNACHWEIS

Die Herausgeber danken den folgenden Bildgebern für die freundliche Genehmigung, ihre Bilder in diesem Buch zu verwenden.

4 AFP Photo/Vano Shlamov/Getty Images, 5 Raymond Boyd/Getty Images, 7 Geoffrey Robinson/REX/Shutterstock, 8 (unten) Professor Splash/Barcroft USA/Getty Images, (oben) Felipe Caicedo/AFP/Getty Images, 9 Fotodive.ch/Wilfried Niedermayr, 10 (links) Arkaprava Ghosh/Barcroft India, (rechts) Courtesy of William Winram, 11 Raymond Boyd/Getty Images, 12 (links) Moviestore/REX/Shutterstock, (rechts) Imaginechina/REX/Shutterstock, 13 Sascha Steinbach/Getty Images, 14 (oben) Boris Shevchuk/Shutterstock, (unten) Claudia Naerdemann/Shutterstock, 15 (oben) Hagen Hopkins/Getty Images, (unten) Matt Cardy/Getty Images, 16 Shaun Botterill/Getty Images, 17 (oben) Richard Bord/Getty Images, (unten) Cameron Spencer/Getty Images, 18 Stan Honda/AFP/Getty Images, 19 (oben) Shutterstock, (unten) Universal History Archive/UIG via Getty Images, 20 (oben) Shutterstock, (unten) Mark Moffett/Minden Pictures/Getty Images, 21–23 Shuterstock, 24 Bettmann/Getty, 25 (oben) AFP Photo/Vano Shlamov/Getty Images (unten) Drew Simon/AP/Press Association Images, 26 EPA/Rungroj Yongrit, 27 Shutterstock.com, 28 Shutterstock.com, 29 (oben) Julian Finney/Getty Images, (unten) Shutterstock.com, 30 (oben) Frank Doran/Barcroft Media/Getty Images, (unten) Dusso Janladde, (unten) Ernesto, 31 TowersStreet, 32–33 Shutterstock.com, 34 Fred Duval/FilmMagic/Getty Images, 35–36 Shutterstock.com, 37 (oben) Nils Jorgensen/REX/Shutterstock, (unten) Shutterstock.com, 38 Oli Scarff/Getty Images, 39. Mario Tama/Getty Images, 40 (oben) Shutterstock.com, (unten) ZUMA Press, Inc/Alamy, 41 (oben) Ronaldo Schmidt/AFP/Getty Images, (unten) Ray Tang/REX/Shutterstock, 42–43 Shutterstock.com, 44 Mark Rolston/AFP/Getty Images, 45 (oben) Thomas Senf/Red Bull News Ro/Sipa/REX/Shutterstock, (unten) Photo by Rauke Schalken mit Leica, 46–47 Carl Court/AFP/Getty Images, 48 (links) Shutterstock.com, (rechts) Moviestore Collection/REX/Shutterstock, 49 (oben) Angus Murray/Sports Illustrated/Getty Images, (unten) Michael Regan/Getty Images, 50–51 Ray Tang/REX/Shutterstock, 52–53 USN Collection/Alamy, 54 (oben) Shutterstock.com, (unten) John Robertson/Barcroft Cars/Barcroft Media via Getty Images, 55 (oben) Angela Weiss/Getty Images, (unten) Shutterstock.com, 56–57 Shutterstock.com, 58 Dan Callister/REX/Shutterstock, 59 (oben) DFree/Shutterstock (unten) Ian MacNicol/Getty Images, 60 East News/REX/Shutterstock, 61 (oben) Zhukov Oleg/Shutterstock, (unten) Tim Matsui/Getty Images, 62–63 Shutterstock, 64 Shutterstock, 64–65 Moviestore Collection/REX/Shutterstock, 65 Shutterstock, 66 (oben) Michael Bowles/REX, (unten) John Springer Collection/Getty Images, 67 ScoKevin Mazur/WireImage/Getty Images, 68 Shutterstock.com, 69 (oben) Shutterstock.com, (unten) Getty Images, 70 Shutterstock, 71 (oben) AFP Photo/Gent Shkullaku/Getty Images, (unten) Obuda University, 72 (oben) Shutterstock.com, (unten) Gonzales Photo/Demotix, 73 (oben) AFP Photo/Vano Shlamov/Getty Images, (unten) Victor Fraile/Getty Images, 74 (oben) Geoffrey Robinson/REX/Shutterstock (unten) Shutterstock.com, 75 AFP Photo/Ben Stansall/Getty Images, 76 Julien Warnand/epa, 77 (oben) Shutterstock.com, (unten) Yuriy Dyachyshyn/AFP/Getty Images, 78 Shutterstock.com, 79 (oben) Laurentiu Garofeanu/Barcroft USA/Barcroft Media via Getty Images, (unten) Splash News, 80 Dave Mangels/Getty Images for Sony, 81 (oben) The Siberian Times, (unten) PTI (Press Trust of India), 82–83 Piti A Sahakorn/LightRocket via Getty Images, 84 (oben) Josh Edelson/AFP/Getty Images, (unten) Shutterstock.com, 85 (oben) Mark Ralston/AFP/Getty Images, (Mitte) Barry Bland/ Barcroft Media/Getty Images, 86 s_bukley/Shutterstock.com, 87 (links) Con/Demotix/Corbis, (rechts) Barcroft Media via Getty Images, 88 Robertus Pudyanto/Getty Images, 89 (oben) PA Images, (unten) Stacie McChesney/NBC/NBCU Photo Bank via Getty Images, 90 (Mitte) Shutterstock.com, (unten) Yamil Lage/AFP/Getty Images, 90–91 Francisco Leong/AFP/Getty Images, 92 Imaginechina/Corbis, 93 (oben) Shutterstock.com, (unten) Gonzales Photo/Demotix/Corbis, (unten rechts) Shutterstock.com, 94–95 Liam Cleary/Demotix, 96 Ilya S. Savenok/Getty Images, 97 Petri Oeschger/Gallo Images/

Getty Images, 98–99 Imaginechina/REX/Shutterstock, 100 (links) AF Archive/Alamy, (rechts) Kena Betancur/AFP/Getty Images, 101 (oben) Ellen DeGeneres, (unten) Shutterstock.com, 102 Geoffrey Robinson/REX/Shutterstock, 103 (rechts) Laurence Griffiths/Getty Images, (Mitte) NASA, 104 Andrew Savulich/NY Daily News Archive via Getty Images, 105 (oben) Ruaridh Connellan/Barcroft USA via Getty Images, (unten) Jack Ludlam/Alamy, 106 Shutterstock, 107 (oben) Steve Russell/Toronto Star via Getty Images, (unten) terstock, 108–109 Jim Watson/AFP/Getty Images, 110 FOX via Getty Images, 111 (oben) Shutterstock (unten), Ruaridh Connellan/Barcroft USA via Getty Images, 112 Shutterstock, 113 HAP/Quirky China News/REX/Shutterstock, 114–115 Mark Campbell/REX/Shutterstock, 116 (oben) Etihad Airways via Getty Images, (unten) Rainer W. Schlegelmilch/Getty Images, 117 (oben) Enrique De La Osa/Reuters, (Mitte) Catherine Steenkeste/Getty Images, 118 Shutterstock.com, 119 (oben) ParagonSpaceDevelopment/Splash/Splash News, (Mitte) VCG/VCG via Getty Images, 120 (oben) Eric Sakowski, (unten) The Bund, 121 (oben) Imaginechina/REX/Shutterstock, (Mitte) © Raymond Cunningham, (unten) Shutterstock, 122 Shutterstock, 123 (oben) Ministry of Fisheries via Getty Images, (unten) RSPCA, 124 NASA, 125 (oben) Clement Mahoudeau/IP/Getty Images, (unten) Zhejiang University, 126 (links) Geraldo Caso/AFP/Getty Images, (rechts) Aflo/REX/Shutterstock, 127 Austral Int./REX/Shutterstock

Es wurde alles versucht, einen korrekten Bildnachweis zu erstellen und die Inhaber der Verwertungs- und/oder Urheberrechte aller Abbildungen zu kontaktieren. Der Herausgeber entschuldigt sich für unabsichtliche Fehler oder Auslassungen und wird sie in zukünftigen Ausgaben dieses Buches korrigieren.